Crea il tuo Cross Platform con JavaScript
Guida Passo-Passo per Sviluppatori alla Fisica dei Giochi

IVO ROBERTIS

Prefazione

Organizzazione e Contenuto del Libro

Questo libro è organizzato in undici capitoli e un'appendice, ognuno dei quali si concentra su un aspetto specifico dello sviluppo di un gioco Platform utilizzando JavaScript, Matter.js e BOX2D.

Iniziamo con una panoramica della storia e dell'importanza dei giochi Platform nell'industria dei videogiochi, introducendo contemporaneamente JavaScript, BOX2D e Matter.js. Proseguiamo con una disamina più dettagliata dei fondamenti di JavaScript per il gaming, introducendo concetti chiave che verranno utilizzati nel corso del libro.

I capitoli successivi si focalizzano sulle tecniche di sviluppo del gioco. Trattiamo l'introduzione a Matter.js e BOX2D, due potenti librerie per la gestione della fisica nei giochi. Passiamo poi alla progettazione e creazione del tuo gioco platform, discutendo la progettazione dei livelli, la creazione di personaggi e nemici e l'implementazione dell'interfaccia utente.

Il libro prosegue con un'esplorazione degli aspetti più avanzati della fisica dei giochi, come la creazione di effetti particolari e la gestione della musica e degli effetti sonori. Infine, discutiamo le tecniche per ottimizzare e fare debugging del tuo gioco, fornendo consigli per la pubblicazione.

L'appendice contiene il codice sorgente completo del gioco platform sviluppato nel libro, risorse aggiuntive e link utili per ulteriori approfondimenti, attribuzioni e licenze di terze parti, e link utili e note.

Ogni capitolo include esempi pratici e codice che ti aiuteranno a capire e applicare i concetti discussi. Il libro è pensato per essere seguito in ordine, ma i capitoli sono abbastanza autonomi da permettere una lettura non lineare in base ai tuoi interessi e al tuo livello di esperienza.

Obiettivo del Libro

Il principale obiettivo di questo libro è fornire a sviluppatori, studenti e appassionati di programmazione una guida passo-passo per creare un gioco Platform con JavaScript, utilizzando le librerie Matter.js e BOX2D. Questo libro è pensato per coloro che hanno una conoscenza di base della programmazione in JavaScript e desiderano estendere le loro competenze nella creazione di videogiochi.

Il libro mira a sviluppare una solida comprensione dei principi di base del design dei giochi platform, del funzionamento dei motori fisici e della loro applicazione nei videogiochi. Ogni capitolo è strutturato per trattare un argomento specifico, con l'obiettivo di guidare il lettore nello sviluppo di un gioco completo.

Attraverso l'apprendimento pratico, il lettore acquisirà una comprensione approfondita dei concetti chiave di programmazione dei giochi, migliorando la propria capacità di problem-solving, la logica di programmazione e la conoscenza di JavaScript e delle librerie Matter.js e BOX2D. Al termine del libro, il lettore avrà le competenze necessarie per sviluppare in modo autonomo un gioco platform, avendo a disposizione un codice di partenza robusto e flessibile che può essere adattato e ampliato.

Convenzioni usate in questo libro

Durante il tuo percorso di apprendimento, troverai alcune convenzioni utilizzate in questo libro per facilitare la comprensione e la fruizione del materiale. Ad esempio, il testo in grassetto verrà utilizzato per evidenziare i concetti chiave o i termini tecnici importanti. I blocchi di codice saranno formattati con un font leggibile e includeranno commenti per spiegare direttamente il significato delle righe di codice.

Inoltre, saranno forniti esempi di codice pertinenti all'interno del testo per illustrare i concetti e le implementazioni discusse. Questi esempi di codice rappresenteranno un punto di partenza per il tuo progetto, ma saranno anche aperti a modifiche e personalizzazioni in base alle tue preferenze e alle esigenze del tuo gioco.

È importante notare che alcune variabili e parametri saranno definiti utilizzando nomi in italiano, mentre altri saranno in lingua inglese. Questa scelta è stata fatta per una più semplice gestione del codice e per adattarsi alle convenzioni comuni nell'ambito dello sviluppo di giochi. Tuttavia, potrai personalizzare questi nomi in base alle tue preferenze o esigenze specifiche. L'importante è comprendere il significato e il ruolo di ciascuna variabile nel contesto del gioco.

Come si usa il codice riportato nel testo

Il codice riportato nel testo è stato progettato per essere comprensibile e accessibile anche ai lettori con una conoscenza di base di JavaScript. Sarà spiegato nel contesto pertinente e accompagnato sia da commenti che da spiegazioni dettagliate per aiutarti a comprendere le diverse parti e il loro ruolo nel gioco platform.

Ti incoraggiamo a sperimentare con il codice fornito, apportando modifiche e personalizzazioni per adattarlo alle tue preferenze e alle esigenze specifiche del tuo gioco. Esplorare e sperimentare sono elementi essenziali per il tuo processo di apprendimento e ti permetteranno di approfondire la tua comprensione dei concetti e delle tecniche presentate nel libro.

In conclusione, questo libro è pensato per guidarti attraverso un viaggio emozionante nel mondo dei giochi platform sviluppati con JavaScript. Sia che tu sia un programmatore esperto o un principiante nel campo dello sviluppo di giochi, speriamo che questa guida ti ispiri, ti insegni nuove competenze e ti aiuti a realizzare il tuo gioco platform unico e avvincente.

"It's-a me, Mario!" - Super Mario Bros.

Capitolo 1: Introduzione ai Giochi Platform e alle loro Origini

Il capitolo offre una panoramica sulla storia dei giochi platform, evidenziando la loro importanza nell'industria dei videogiochi. Vengono presentati i concetti chiave del genere platform, illustrando le sue caratteristiche distintive. Infine, il capitolo fornisce una panoramica del libro stesso, delineando gli obiettivi di apprendimento che verranno affrontati durante la lettura.

Storia dei Giochi Platform

I giochi platform rappresentano uno dei generi più duraturi e amati dell'industria dei videogiochi. Il loro sviluppo inizia negli anni '80, un periodo d'oro per l'industria videoludica, con titoli come "Donkey Kong" e "Pitfall!". Questi giochi introducevano i concetti di base del genere platform: un personaggio che si muove attraverso un ambiente bidimensionale, saltando su piattaforme ed evitando ostacoli.

Tuttavia, è con l'avvento di "Super Mario Bros." di Nintendo nel 1985 che il genere platform ha veramente preso piede. Super Mario Bros. ha rivoluzionato il genere con il suo design di livello dettagliato, la sua meccanica di gioco intuitiva e la sua grafica colorata. Da allora, il gioco è diventato un simbolo del genere platform e ha influenzato numerosi giochi successivi.

Negli anni '90, con l'avvento della grafica 3D, il genere platform ha subito un'ulteriore evoluzione. Giochi come "Super Mario 64" e "Crash Bandicoot" hanno introdotto una nuova dimensione nei giochi platform, portando i personaggi a esplorare mondi tridimensionali.

Oggi, i giochi platform continuano a essere popolari, con titoli indie come "Celeste" e "Hollow Knight" che portano nuove idee e innovazioni al genere. Grazie al suo gameplay intuitiva e al suo design di livelli impegnativo, il genere platform continua a catturare l'immaginazione dei giocatori di tutte le età.

Importanza dei Giochi Platform nell'Industria dei Videogiochi

I giochi platform occupano un posto di rilievo nell'industria dei videogiochi per vari motivi. Innanzitutto, hanno contribuito a definire l'evoluzione del medium stesso. Fin dai primi giorni di "Donkey Kong" e "Pitfall!", i giochi platform hanno introdotto concetti fondamentali di gameplay e design che sono diventati pilastri del design dei videogiochi in generale.

Il genere ha anche dato vita a alcuni dei personaggi più iconici dell'industria dei videogiochi, come Super Mario di Nintendo e Sonic the Hedgehog di Sega. Questi personaggi non solo hanno guidato il successo dei loro rispettivi franchise, ma hanno anche avuto un impatto culturale che va oltre il medium dei videogiochi, apparendo in film, televisione, fumetti e una serie di altri media.

Inoltre, i giochi platform hanno giocato un ruolo cruciale nel rendere i videogiochi accessibili a un pubblico più ampio. La meccanica di gioco intuitiva e il design dei livelli ben strutturato dei giochi platform li rendono facilmente accessibili a giocatori di tutte le età e abilità, contribuendo a espandere il pubblico dei videogiochi.

Infine, i giochi platform continuano a essere un terreno fertile per l'innovazione nel design dei giochi. Dai mondi 3D esplorabili di "Super Mario 64" ai design di livelli impegnativi di "Celeste", il genere continua a offrire opportunità per l'innovazione e la sperimentazione, mantenendosi fresco e rilevante anche decenni dopo la sua nascita.

Panoramica del Genere Platform

Il genere platform è caratterizzato da un gameplay che coinvolge la guida di un personaggio attraverso una serie di livelli, saltando su piattaforme, scalando ostacoli e sfuggendo ai nemici. Sebbene i giochi platform possano variare in termini di aspetto e stile, condividono tutti un insieme di elementi di base.

Prima di tutto, il movimento è un elemento chiave del genere platform. I personaggi del gioco di solito hanno la capacità di correre, saltare e talvolta nuotare o volare, e questi movimenti sono spesso utilizzati per navigare in ambienti complicati e affrontare nemici.

Un altro elemento comune è la struttura del livello. I giochi platform tendono ad avere livelli chiaramente definiti che i giocatori devono completare, spesso con un obiettivo o un boss da sconfiggere alla fine. Questi livelli possono variare ampiamente in termini di design, con alcuni che privilegiano l'esplorazione e altri che richiedono tempismo preciso e riflessi rapidi.

Infine, i giochi platform spesso includono elementi di raccolta. Questo può includere monete, gemme, o altri oggetti che i giocatori possono raccogliere per guadagnare punti, ottenere vite extra, o sbloccare nuovi livelli e abilità.

In generale, i giochi platform sono amati per il loro gameplay intuitivo, la loro sfida graduale, e la loro capacità di creare mondi vividi e coinvolgenti per i giocatori da esplorare.

Se desideri esplorare ulteriormente il genere platform e trovare ispirazione per il tuo progetto di sviluppo, ecco una lista di alcuni dei migliori e più influenti giochi platform della storia dei videogiochi:

1. "Super Mario Bros." (Nintendo)

2. "Donkey Kong" (Nintendo)

3. "Mega Man" (Capcom)

4. "Castlevania" (Konami)

5. "Metroid" (Nintendo)

6. "Another World" (Delphine Software)

7. "Bermuda Syndrome" (Century Interactive)

8. "Sonic the Hedgehog" (Sega)

9. "Rayman" (Ubisoft)

10. "Super Meat Boy" (Team Meat)

11. "Celeste" (Matt Makes Games)

12. "Hollow Knight" (Team Cherry)

13. "Cave Story" (Studio Pixel)

14. "Limbo" (Playdead)

15. "Shovel Knight" (Yacht Club Games)

16. "Spelunky" (Derek Yu)

17. "Braid" (Jonathan Blow)

18. "Ori and the Blind Forest" (Moon Studios)

19. "Guacamelee!" (DrinkBox Studios)

20. "Cuphead" (Studio MDHR)

E per esplorare il campo dei giochi platform 3D, che aggiungono una dimensione completamente nuova al gameplay, ecco una lista dei migliori giochi platform 3D:

1. "Super Mario 64" (Nintendo)

2. "Banjo-Kazooie" (Rare)

3. "Crash Bandicoot" (Naughty Dog)

4. "Spyro the Dragon" (Insomniac Games)

5. "Super Mario Galaxy" (Nintendo)

6. "Ratchet & Clank" (Insomniac Games)

7. "Jak and Daxter" (Naughty Dog)

8. "Psychonauts" (Double Fine Productions)

9. "Super Mario Odyssey" (Nintendo)

10. "Astro Bot Rescue Mission" (SIE Japan Studio)

Ciascuno di questi titoli ha contribuito a plasmare il genere platform nel corso degli anni, portando innovazioni e influenzando i giochi che sarebbero venuti dopo di loro. Sono tutte fantastiche fonti di ispirazione per il tuo progetto di sviluppo di giochi platform.

Questi titoli rappresentano una varietà di stili, da classici giochi a scorrimento laterale a avventure in 3D, e offrono un'ampia gamma di meccaniche e di design di livelli. Molti di essi hanno ridefinito il genere nel corso degli anni e sono fonti eccellenti di ispirazione per chiunque sia interessato a creare il proprio gioco platform.

Panoramica del Libro e Obiettivi di Apprendimento

Questo libro è strutturato in modo da guidarti attraverso il processo di creazione di un gioco platform originale dal principio alla fine. Inizieremo con una panoramica dei concetti di base di programmazione JavaScript e dei principi di design dei giochi platform. Successivamente, ci addentreremo nel mondo dei motori fisici, esplorando come possono essere utilizzati per creare interazioni realiste e coinvolgenti nel tuo gioco.

L'obiettivo è fornirti una comprensione solida e pratica di come sviluppare un gioco platform. Che tu abbia intenzione di creare il tuo primo gioco platform o di espandere le tue competenze esistenti, questo libro è stato pensato per te.

"It's on like Donkey Kong!" - Donkey Kong

Capitolo 2: Fondamenti di JavaScript per il Gaming

Il Capitolo 2 del libro si concentra sui fondamenti di JavaScript per lo sviluppo di giochi. Vengono spiegati concetti fondamentali come le variabili, i cicli e le funzioni in JavaScript. Vengono anche presentate le strutture di controllo e la gestione degli errori nel linguaggio. Il capitolo prosegue con una panoramica dei concetti avanzati come l'asincronismo, le promesse e l'uso di AJAX. Infine, viene introdotto BOX2D e Matter.js, due librerie ampiamente utilizzate per la fisica dei giochi nel contesto di JavaScript.

Basi di JavaScript: Variabili, Cicli, Funzioni

Per iniziare a sviluppare giochi con JavaScript, è fondamentale comprendere le sue basi. Queste includono concetti come variabili, cicli e funzioni.

Le variabili in JavaScript sono utilizzate per memorizzare valori che possono essere riutilizzati nel codice. Per esempio, potrebbe essere utile memorizzare le coordinate del giocatore o il punteggio corrente in variabili. In JavaScript, le variabili possono essere dichiarate con le parole chiave `let`, `const` o `var`, ciascuna con le proprie peculiarità riguardo alla visibilità e alla riassegnazione dei valori.

I cicli, come il ciclo `for` o il ciclo `while`, permettono di eseguire blocchi di codice più volte. Questi sono particolarmente utili nei giochi per controllare le interazioni ripetute, come aggiornare la posizione di un personaggio ad ogni frame o controllare collisioni tra oggetti.

Le funzioni sono blocchi di codice riutilizzabili che possono essere 'chiamate' in qualsiasi punto del programma. Le funzioni sono fondamentali in JavaScript e nei giochi in generale, poiché permettono di organizzare il codice in maniera più efficiente e leggibile, evitando ripetizioni e facilitando il debugging. Un esempio tipico di funzione in un gioco potrebbe essere una funzione `movePlayer()` che aggiorna la posizione del giocatore, o una funzione `calculateScore()` che calcola il punteggio corrente.

Questi concetti formano la base su cui si costruiranno le meccaniche più complesse del tuo gioco. Sebbene possano sembrare concetti semplici, la loro comprensione profonda è essenziale per lo sviluppo di giochi.

Strutture di Controllo e Gestione degli Errori in JavaScript

Le strutture di controllo in JavaScript, come le istruzioni condizionali (`if`, `else`, `switch`) e i cicli (`for`, `while`, `do-while`), svolgono un ruolo fondamentale nello sviluppo di videogiochi. Esse permettono di controllare il flusso del codice, eseguendo o saltando blocchi di codice in base a condizioni specifiche. Per esempio, potresti usare un'istruzione condizionale per controllare se il tuo personaggio ha colpito un nemico o se è stato colpito, e quindi eseguire il codice appropriato.

La gestione degli errori, d'altro canto, è un elemento cruciale nella scrittura di codice robusto e affidabile. Nel contesto dello sviluppo di giochi, prevenire e gestire gli errori può fare la differenza tra un gioco che si blocca inaspettatamente, creando frustrazione nei giocatori, e un gioco che gestisce abilmente situazioni impreviste, fornendo un'esperienza utente fluida.

JavaScript fornisce diversi strumenti per gestire gli errori, tra cui il blocco `try...catch`. Questo consente di "provare" un blocco di codice e, se si verifica un errore, "catturarlo" e gestirlo in modo appropriato. Per esempio, potresti voler gestire errori che si verificano quando tenti di caricare un asset di gioco che non esiste o quando si verifica un errore nel calcolo della fisica del gioco.

In generale, un'attenta gestione delle strutture di controllo e degli errori può migliorare notevolmente la qualità e l'affidabilità del tuo gioco, rendendolo più piacevole per i giocatori e più facile da mantenere e sviluppare per te.

Concetti Avanzati: Asincronismo, Promesse e AJAX

Nello sviluppo dei giochi, particolarmente in JavaScript, ci si imbatte spesso in situazioni in cui alcune operazioni devono essere eseguite in parallelo o in risposta a eventi futuri. Qui entrano in gioco i concetti di asincronismo e promesse.

L'asincronismo in JavaScript si riferisce alla capacità di eseguire codice "in background", senza bloccare il flusso principale del programma. Questo è particolarmente utile nei giochi, dove molte operazioni, come il caricamento di risorse, l'aggiornamento della fisica del mondo di gioco o l'elaborazione di input dell'utente, devono spesso essere eseguite contemporaneamente.

Le promesse in JavaScript sono un modo per gestire operazioni asincrone. Una promessa rappresenta un valore che potrebbe non essere ancora disponibile, come il risultato di un'operazione di caricamento di risorse. Le promesse possono essere "risolte" con un valore o "rifiutate" con un errore, e forniscono un modo pulito e flessibile per gestire queste situazioni.

Infine, AJAX (Asynchronous JavaScript and XML) è una tecnica che permette a una pagina web di comunicare con un server e aggiornare il suo contenuto senza dover ricaricare l'intera pagina. Nel contesto dei giochi, AJAX può essere utilizzato per caricare nuovi livelli, salvare i progressi del giocatore, recuperare classifiche da un server e molto altro.

Complessivamente, l'asincronismo, le promesse e AJAX sono concetti fondamentali per la creazione di giochi interattivi e reattivi in JavaScript. Una volta padroneggiati, aprono una vasta gamma di possibilità per l'elaborazione parallela, la gestione degli eventi e la comunicazione con i server.

Introduzione a BOX2D e Matter.js

BOX2D e Matter.js sono due potenti librerie JavaScript che introducono nel tuo gioco la fisica del mondo reale. Sono molto utili per creare giochi di genere platform, grazie alla loro capacità di simulare realistici movimenti, collisioni, gravità e altre interazioni fisiche.

BOX2D è un motore fisico 2D open source, ampiamente utilizzato nell'industria dei videogiochi, noto per la sua precisione e la sua vasta gamma di funzionalità. Supporta una varietà di corpi rigidi, tra cui cerchi, poligoni e catene, e offre funzionalità avanzate come le joint, che permettono di creare strutture complesse collegando diversi corpi insieme. BOX2D include anche un solido sistema di rilevamento delle collisioni e un sofisticato motore di risposta alle collisioni, che assicurano che i tuoi oggetti interagiscano in modo realistico quando si scontrano.

Matter.js, d'altro canto, è un motore fisico 2D scritto interamente in JavaScript. Sebbene sia meno avanzato di BOX2D in termini di funzionalità, Matter.js è molto più facile da utilizzare e integrare nei tuoi progetti JavaScript. Matter.js offre una semplice API per la creazione e manipolazione di corpi rigidi, la configurazione della fisica del mondo (come la gravità), e la gestione delle collisioni e delle risposte alle collisioni.

In questo libro, esploreremo entrambe queste librerie in dettaglio, mostrandoti come utilizzarle per creare un gioco platform con una fisica del gioco realistica e coinvolgente. Che tu scelga di utilizzare BOX2D per la sua precisione e profondità, o Matter.js per la sua semplicità e facilità d'uso, avrai a disposizione gli strumenti necessari per portare i tuoi giochi a un nuovo livello di interattività e realismo.

"Mega Man, activate!" - Mega Man

Capitolo 3: Introduzione a Matter.js: Un Motore Fisico per il Web

Nel Capitolo 3, verrà introdotto Matter.js, un motore fisico per lo sviluppo di giochi sul web. Si spiegherà che cos'è Matter.js e perché è utile nella creazione di giochi platform. Verrà poi mostrato come creare un mondo di gioco utilizzando Matter.js, includendo la creazione di corpi, la gestione dei materiali e l'uso dei vincoli per simulare interazioni fisiche realistiche. Sarà inoltre affrontato il tema delle collisioni e degli eventi in Matter.js, mostrando come gestirli in modo efficace per creare un'esperienza di gioco fluida e coinvolgente.

Che cos'è Matter.js e perché è utile nei Giochi Platform

Matter.js è una potente libreria JavaScript per la simulazione di fisica 2D nei browser web. Essa fornisce un insieme di funzionalità complete per la gestione di corpi rigidi, la simulazione di collisioni, la gestione di eventi e altro ancora, il tutto con un'API intuitiva e facile da usare.

Matter.js è particolarmente utile per i giochi platform per diverse ragioni. In primo luogo, esso permette di creare simulazioni fisiche realistiche. Ad esempio, puoi utilizzarlo per creare un personaggio che si muove e salta in modo realistico, o per simulare come gli oggetti cadono, rimbalzano e si scontrano tra loro.

In secondo luogo, Matter.js rende facile gestire le collisioni tra gli oggetti. Questo è un elemento chiave nei giochi platform, dove spesso devi determinare se il tuo personaggio ha colpito un nemico, è atterrato su una piattaforma, o ha raccolto un potenziamento.

Inoltre, Matter.js supporta la creazione di corpi di diverse forme, tra cui rettangoli, cerchi e poligoni. Ciò ti permette di creare un'ampia varietà di oggetti di gioco, dai semplici blocchi e sfere agli oggetti più complessi.

Infine, Matter.js è completamente scritto in JavaScript e progettato per essere utilizzato nei browser web. Ciò significa che è molto facile da integrare nei tuoi giochi JavaScript e ti consente di creare giochi che possono essere facilmente distribuiti e giocati su qualsiasi dispositivo con un browser web.

In sintesi, Matter.js è uno strumento estremamente utile per qualsiasi sviluppatore di giochi platform che desideri aggiungere un tocco di realismo fisico al proprio gioco, senza dover implementare da zero un complicato sistema di fisica.

Creazione di un Mondo in Matter.js: Corpi, Materiali e Vincoli

Matter.js è costruito attorno al concetto di un "Mondo", un contenitore che ospita tutti gli oggetti del gioco e gestisce la loro interazione fisica. Un mondo in Matter.js è molto più che una semplice scena o uno sfondo; è un sistema complesso che gestisce la gravità, le collisioni, e tutte le altre interazioni tra gli oggetti del gioco.

Nel mondo di Matter.js, ogni oggetto fisico è rappresentato da un "corpo". I corpi possono avere diverse forme (rettangoli, cerchi, poligoni), e possono essere rigidi o morbidi. Ogni corpo ha anche una serie di proprietà fisiche, come la massa, la densità, la frizione e l'elasticità, che determinano come si comporta quando interagisce con altri corpi.

Oltre ai corpi, Matter.js supporta anche la creazione di "materiali". I materiali sono usati per definire le proprietà di superficie di un corpo, come la frizione e l'elasticità. Ad esempio, potresti creare un materiale "legno" con una bassa frizione e un'alta elasticità per simulare un blocco di legno che rimbalza, e un materiale "gomma" con un'alta frizione e un'alta elasticità per simulare una palla rimbalzante.

Infine, Matter.js include il supporto per i "vincoli", che sono usati per collegare due o più corpi insieme. I vincoli possono essere usati per creare strutture complesse, come ponti o gru, e possono anche essere usati per creare effetti interessanti, come corpi che rimbalzano o ruotano attorno a un punto fisso.

Nel corso di questo libro, esploreremo tutte queste caratteristiche in dettaglio, mostrandoti come utilizzarle per creare un mondo di gioco dinamico e fisicamente accurato per il tuo gioco platform.

Gestione delle Collisioni ed Eventi in Matter.js

La gestione delle collisioni è un aspetto centrale in qualsiasi gioco che incorpora la fisica. Con Matter.js, la rilevazione e la risposta alle collisioni è incredibilmente semplificata. Ogni volta che due corpi entrano in contatto, Matter.js gestisce automaticamente la risposta alla collisione, ad esempio facendo rimbalzare i corpi l'uno dall'altro in base alla loro elasticità.

Tuttavia, spesso, come sviluppatori di giochi, vorremmo sapere quando si verifica una collisione per poter eseguire del codice specifico. Ad esempio, potresti voler far perdere una vita al giocatore quando il suo personaggio collide con un nemico oppure cade in una trappola o farlo avanzare al livello successivo quando raggiunge l'uscita. Questo è dove entrano in gioco gli eventi di Matter.js.

Matter.js fornisce un potente sistema di eventi che consente di "ascoltare" una varietà di eventi, tra cui eventi di collisione. Puoi creare funzioni, conosciute come gestori di eventi, che vengono eseguite ogni volta che si verifica un determinato evento.

Per esempio, per eseguire del codice ogni volta che il tuo personaggio collide con un nemico, potresti scrivere un gestore di eventi come questo:

```
Matter.Events.on(engine, 'collisionStart', function(event) {
    for (var i = 0; i < event.pairs.length; i++) {
        var pair = event.pairs[i];
        if (pair.bodyA === character && pair.bodyB === enemy || pair.bodyA === enemy && pair.bodyB === character) {
            console.log('Il personaggio ha colpito un nemico!');
            // Qui puoi inserire il codice per far perdere una vita al giocatore, per esempio
        }
    }
});
```

In questo esempio, ogni volta che si verifica una collisione, il tuo gestore di eventi esamina ogni coppia di corpi che ha iniziato a collidere. Se uno dei corpi è il tuo personaggio e l'altro è un nemico, allora esegue del codice specifico.

In questo libro, impareremo a sfruttare il sistema di eventi di Matter.js per creare interazioni di gioco dinamiche e coinvolgenti.

"What is a man? A miserable little pile of secrets!" - Castlevania

Capitolo 4: L'Universo BOX2D: Fisica Avanzata per Giochi

Nel Capitolo 4, verrà esplorato l'universo di BOX2D, un framework di simulazione fisica ampiamente utilizzato nello sviluppo di giochi. Sarà introdotta l'utilità di BOX2D nei giochi platform, mostrando come può migliorare l'esperienza di gioco attraverso una simulazione realistica della fisica. Si approfondiranno i concetti fondamentali di BOX2D, tra cui corpi, forme e mondi, per comprendere come vengono modellati e gestiti gli oggetti fisici all'interno del motore. Verrà inoltre illustrato come utilizzare BOX2D in JavaScript, mostrando come integrarlo nel proprio progetto di gioco e sfruttarne le potenzialità per creare movimenti fluidi, collisioni realistiche e interazioni dinamiche.

Introduzione a BOX2D e la sua Utilità nei Giochi Platform

BOX2D è un potente motore di fisica open source progettato per la simulazione di corpi rigidi in due dimensioni. È noto per la sua robustezza, la sua flessibilità e la sua accuratezza nel gestire le collisioni e i vincoli tra corpi. Originariamente sviluppato per il linguaggio di programmazione C++, BOX2D ha poi visto la nascita di diverse implementazioni in vari linguaggi, tra cui JavaScript.

Nel contesto dei giochi platform, BOX2D si rivela estremamente utile grazie alla sua capacità di gestire una vasta gamma di situazioni fisiche. Le collisioni, gli impatti, i rimbalzi, l'attrito, la gravità, tutto ciò che ti aspetteresti in un gioco di fisica è gestito con facilità da BOX2D.

Un esempio tipico potrebbe essere un personaggio che salta su una piattaforma. Quando il personaggio atterra sulla piattaforma, BOX2D si occupa di calcolare la forza dell'impatto, di applicare l'attrito tra il personaggio e la superficie della piattaforma, e di fare rimbalzare il personaggio in base alla sua elasticità. Tutto questo avviene con poche righe di codice, permettendoti di concentrarti sulla logica del gioco invece che sui dettagli della fisica.

Ma BOX2D non è solo un motore di fisica: è anche un framework completo per la creazione di giochi. Fornisce strumenti per la gestione delle collisioni, la creazione di forme complesse, l'implementazione di vincoli, la gestione dell'input dell'utente, e molto altro ancora. Questa ampia gamma di funzionalità rende BOX2D una scelta eccellente per la creazione di giochi platform, e nel corso di questo libro, esploreremo come utilizzare queste funzionalità per costruire il nostro gioco.

Comprendere i Concetti di Fisica in BOX2D: Corpi, Forme, Mondi

BOX2D utilizza una serie di concetti chiave per simulare la fisica del mondo reale in un contesto di gioco. Questi concetti includono corpi, forme e mondi, ciascuno dei quali gioca un ruolo specifico nel creare un'esperienza di gioco convincente e fisicamente accurata.

1. **Corpi**: In BOX2D, un corpo (o "body") rappresenta un oggetto fisico nel gioco, come il tuo personaggio o un blocco su cui può saltare. Ogni corpo ha una serie di proprietà fisiche, tra cui la sua posizione, la sua velocità, la sua massa, e così via. BOX2D gestisce la fisica di come questi corpi si muovono e interagiscono tra loro.

2. **Forme**: Ogni corpo in BOX2D ha una o più forme ("shapes") associate. Queste forme definiscono la geometria del corpo: potrebbe essere un cerchio, un rettangolo, un poligono o una forma più complessa. Quando due corpi collidono, BOX2D utilizza le loro forme per calcolare come dovrebbero rimbalzare l'uno rispetto all'altro.

3. **Mondi**: Un mondo in BOX2D è, in sostanza, lo spazio in cui i corpi esistono e interagiscono. Quando crei un gioco con BOX2D, inizierai

generalmente creando un mondo, aggiungendo poi corpi a quel mondo per rappresentare i vari oggetti e personaggi del gioco. Il mondo gestisce le interazioni tra i corpi, inclusa la rilevazione delle collisioni e la risposta a queste collisioni.

La comprensione di questi concetti è fondamentale per lavorare efficacemente con BOX2D. Nel corso di questo libro, esploreremo ognuno di questi concetti in dettaglio, apprendendo come sfruttare il potenziale di BOX2D per creare giochi platform coinvolgenti e divertenti.

Utilizzo di BOX2D in JavaScript

La versione originale di BOX2D è stata scritta in C++, ma esistono diverse implementazioni di BOX2D per JavaScript che permettono di utilizzare il potente motore di fisica direttamente nei tuoi giochi web. Queste librerie, come **box2dweb** e **box2d.js**, portano la potenza di BOX2D al mondo del web, rendendo semplice l'integrazione con altre tecnologie web come HTML5 e WebGL.

Utilizzare BOX2D in JavaScript è simile all'utilizzo in altri linguaggi, con alcune differenze dovute alla natura del linguaggio JavaScript. Ad esempio, mentre in C++ si utilizzerebbero puntatori per lavorare con corpi e forme, in JavaScript si utilizzano oggetti.

Ecco un esempio di base di come potrebbe apparire un setup BOX2D in JavaScript:

```javascript
// Creiamo un nuovo mondo BOX2D
var gravity = new box2d.b2Vec2(0, -10);
var world = new box2d.b2World(gravity);

// Creiamo un corpo statico (come il terreno)
var bodyDef = new box2d.b2BodyDef();
var ground = world.CreateBody(bodyDef);

// Creiamo una forma (un rettangolo)
var shape = new box2d.b2PolygonShape();
shape.SetAsBoxXY(50, 10);

// Associa la forma al corpo
ground.CreateFixture(shape, 0);
```

In questo esempio, abbiamo creato un mondo con la gravità, un corpo statico che rappresenta il terreno e una forma rettangolare che abbiamo poi associato al corpo. Questo è solo un assaggio di ciò che BOX2D può fare. Nei prossimi capitoli, approfondiremo come utilizzare BOX2D in JavaScript per creare una varietà di effetti fisici nei tuoi giochi.

"Samus, prepare for landing." - Metroid

Capitolo 5: Progettare il Tuo Gioco Platform

Nel Capitolo 5, ci concentreremo sulla progettazione del nostro gioco platform. Esploreremo le componenti chiave che rendono un gioco platform coinvolgente e divertente da giocare. Discuteremo l'importanza della storia e dell'ambientazione del gioco, e come questi elementi possano influenzare l'esperienza del giocatore. Inoltre, impareremo come progettare un livello di gioco ben strutturato, che offra sfide equilibrate e un senso di progressione. Discuteremo diverse strategie e tecniche per la progettazione dei livelli, inclusi layout, ostacoli, power-up e nemici. Con una buona progettazione, il nostro gioco platform avrà il potenziale per offrire un'esperienza coinvolgente e memorabile per i giocatori.

Componenti Chiave di un Gioco Platform

Creare un gioco platform coinvolgente richiede più di una buona idea. È necessario avere una solida comprensione dei componenti chiave che contribuiscono a creare un'esperienza di gioco avvincente. Ecco alcuni dei componenti principali di un gioco platform:

1. **Livelli**: I livelli sono l'ambiente in cui il giocatore interagisce con il gioco. Essi possono variare in termini di layout, difficoltà, e design visivo. Un buon livello di gioco dovrebbe essere un equilibrio tra sfida e divertimento, incoraggiando il giocatore a esplorare e a migliorare le sue abilità.

2. **Personaggio Giocabile**: Questo è il personaggio che il giocatore controlla. È fondamentale che il personaggio sia divertente da controllare e che risponda in modo prevedibile ai comandi del giocatore.

3. **Nemici**: I nemici forniscono sfida e varietà a un gioco platform. Possono avere vari modi di muoversi e attaccare, rendendo ogni incontro unico e potenzialmente imprevedibile.

4. **Ostacoli e Puzzle**: Questi componenti aggiungono un ulteriore livello di sfida, costringendo il giocatore a pensare e a pianificare le sue azioni, oltre che a controllare il suo personaggio.

5. **Elementi di Gioco**: Questi includono oggetti raccoglibili come monete o potenziamenti, oltre a elementi interattivi come piattaforme mobili o trappole.

6. **Fisica del Gioco**: Questa è la "legge naturale" del mondo di gioco. Comprende come il personaggio e gli altri oggetti si muovono e interagiscono, e può avere un impatto significativo su come si gioca.

7. **Storia e Ambientazione**: Anche se non tutti i giochi platform hanno una storia o un'ambientazione definita, questi elementi possono contribuire a creare un'atmosfera coinvolgente e dare al giocatore un motivo per avanzare nel gioco.

Ciascuno di questi componenti ha il potenziale per influenzare notevolmente l'esperienza di gioco.

Storia e Ambientazione del Gioco

Il nostro gioco platform trasporta i giocatori in un'affascinante avventura spaziale. Un coraggioso esploratore intergalattico, attratto da un segnale misterioso con la sua navicella spaziale, atterra su un pianeta inesplorato. Qui, si trova immerso in un affascinante scenario boschivo e scopre antiche rovine di una civiltà sconosciuta.

Il protagonista, noto per le sue incredibili abilità acrobatiche e la sua determinazione inarrestabile, si lancia nella missione di esplorare le rovine e scoprire i segreti che si celano dietro questa misteriosa civiltà. Ogni passo dell'esploratore rivela nuovi enigmi, nemici e ostacoli da superare.

I livelli offrono una varietà di ambienti, come fitte giungle, fiumi impetuosi, rovine millenarie e grotte oscure. La scoperta progressiva dei misteri del gioco stimola la curiosità dei giocatori, spingendoli a esplorare ogni angolo del mondo di gioco e a scoprire le sorprese che si celano.

Questa è l'idea fondamentale su cui baseremo lo sviluppo del gioco presentato in questo libro. Tuttavia, sono convinto che durante il processo creativo ti verranno molte altre idee che renderanno il gioco coinvolgente e gratificante per i giocatori. Sarai in grado di trasformare queste idee in modo avvincente, offrendo un'esperienza di gioco appassionante per coloro che lo giocheranno.

Come Progettare un Livello di Gioco

La progettazione di un livello di gioco è un processo complesso e creativo che richiede una profonda comprensione dell'esperienza di gioco che si vuole offrire. Ecco alcuni passaggi chiave da seguire:

1. **Determina l'Obiettivo del Livello**: Prima di tutto, è importante stabilire qual è l'obiettivo del livello. Questo può essere qualcosa di semplice, come raggiungere la fine del livello, o qualcosa di più complesso, come risolvere un determinato enigma.

2. **Scegli il Layout**: Il layout del livello determina come i giocatori si muoveranno attraverso di esso. Può essere lineare, con un percorso chiaro da seguire, o può avere molteplici percorsi che i giocatori possono esplorare.

3. **Aggiungi Ostacoli e Sfide**: Gli ostacoli e le sfide aggiungono interesse e difficoltà al livello. Possono essere fisici, come piattaforme in movimento o fossati, o possono essere nemici da combattere.

4. **Includi Elementi di Gioco**: Gli elementi di gioco, come i potenziamenti o gli oggetti collezionabili, possono aggiungere varietà e profondità al livello.

Possono anche essere utilizzati per guidare i giocatori in determinate direzioni.

5. **Testa e Raffina**: Una volta che hai un prototipo del tuo livello, è importante testarlo per vedere come funziona. Presta attenzione a come i giocatori interagiscono con il livello e se ci sono aree che sono troppo facili o troppo difficili. Usa queste informazioni per raffinare il tuo design.

La progettazione di un livello di gioco richiede un equilibrio tra la creazione di una sfida per i giocatori e il mantenimento del divertimento. Ricorda che l'obiettivo principale è creare un'esperienza di gioco avvincente e divertente.

"Gotta go fast!" - Sonic the Hedgehog

Capitolo 6: Preparazione dell'ambiente di sviluppo e progettazione della struttura di base del gioco

Nel Capitolo 6, ci concentreremo sulla preparazione dell'ambiente di sviluppo per il nostro gioco platform. Inizieremo con l'installazione e la configurazione degli strumenti di sviluppo JavaScript, che ci permetteranno di scrivere e testare il nostro codice in modo efficiente. Esploreremo le diverse opzioni disponibili per l'ambiente di sviluppo, come editor di testo, IDE e strumenti di debug. Successivamente, impareremo a creare un progetto di base per il gioco platform, che servirà come punto di partenza per lo sviluppo. Creeremo la struttura di base del progetto e configureremo le dipendenze necessarie. Con un ambiente di sviluppo adeguatamente configurato, saremo pronti per iniziare a creare il nostro gioco platform in modo efficace ed efficiente.

Installazione e configurazione degli strumenti di sviluppo JavaScript

Prima di iniziare a sviluppare il tuo gioco roguelike con JavaScript, è importante configurare correttamente l'ambiente di sviluppo. In questo paragrafo, ti guiderò attraverso l'installazione e la configurazione degli strumenti necessari per lavorare con JavaScript.

Un ambiente di sviluppo altamente raccomandato per lo sviluppo JavaScript è Visual Studio Code. Visual Studio Code, spesso abbreviato come VS Code, è un editor di codice sorgente leggero, potente e altamente personalizzabile sviluppato da Microsoft. È disponibile gratuitamente per diverse piattaforme, tra cui Windows, macOS e Linux.

Una delle principali ragioni per cui Visual Studio Code è ampiamente utilizzato dagli sviluppatori JavaScript è la sua estensibilità. Puoi installare un'ampia gamma di estensioni che aggiungono funzionalità specifiche per lo sviluppo JavaScript, semplificando il lavoro e migliorando la produttività.

Visual Studio Code offre inoltre un'interfaccia utente intuitiva e personalizzabile. Puoi organizzare le finestre, le schede e le viste in base alle tue preferenze, garantendo un ambiente di lavoro confortevole e personalizzato.

Per installare Visual Studio Code, segui questi passaggi:

1. Visita il sito web ufficiale di Visual Studio Code all'indirizzo https://code.visualstudio.com.

2. Seleziona la versione di Visual Studio Code compatibile con il tuo sistema operativo (Windows, macOS o Linux).

3. Avvia l'installer e segui le istruzioni visualizzate sullo schermo per completare l'installazione.

Una volta installato Visual Studio Code, puoi configurare l'editor in base alle tue preferenze. Esplora le impostazioni per personalizzare il tema, l'indentazione, le scorciatoie da tastiera e molto altro ancora.

Oltre a Visual Studio Code, potresti voler utilizzare un browser moderno per testare e debuggare il tuo gioco roguelike. Browser come Google Chrome, Mozilla Firefox o Microsoft Edge offrono potenti strumenti di sviluppo incorporati che consentono di ispezionare il codice, analizzare le prestazioni e risolvere i bug.

Una volta che hai configurato il tuo ambiente di sviluppo con Visual Studio Code e il browser di tua scelta, sarai pronto per iniziare a scrivere il codice per il tuo gioco roguelike con JavaScript. Nel prossimo capitolo, esploreremo la creazione della mappa di gioco, una delle componenti fondamentali di un roguelike.

Creazione di un progetto di base per il gioco Platform

Una volta preparato il tuo ambiente di sviluppo, il passo successivo è creare un progetto di base per il tuo gioco platform. Cominceremo dalla struttura di base di un progetto JavaScript, impostando i file necessari per il codice sorgente e le risorse del gioco.

Cominciamo creando una nuova cartella per il tuo progetto. Puoi nominarla come preferisci, ma per questo libro la chiameremo "platform". All'interno di questa cartella, creeremo una struttura di file e cartelle come segue:

- Una cartella `src` per i file del codice sorgente JavaScript.
- Una cartella `assets` per le risorse del gioco come immagini, suoni e file di livelli.
- Un file `platform.html` che sarà la pagina di avvio del gioco.

Il tuo file `platform.html` avrà già una struttura di base HTML5, come mostrato:

```html
<!doctype html>
<html>
    <head>
        <meta charset="UTF-8">
        <title>Platform 0.1</title>
    </head>
    <body>
        <canvas id="platform_canvas"></canvas>
        <script src="platform.js"></script>
    </body>
</html>
```

Di seguito sono presentati i componenti fondamentali:

- **<!doctype html>**: Questo è il doctype, e indica al browser che il documento è un documento HTML5.

- **<html>**: Questo è l'elemento radice di una pagina HTML.

- **<head>**: Questo è il primo figlio dell'elemento `<html>`. Include metainformazioni sulla pagina web, come il suo set di caratteri e il titolo.

- **<meta charset="UTF-8">**: Questo elemento Meta definisce l'insieme di caratteri da utilizzare. UTF-8 è l'insieme di caratteri più comune e include quasi tutti i caratteri di qualsiasi lingua scritta.

- **<title>Platform 0.1</title>**: Questo elemento definisce il titolo del documento, che viene visualizzato nella barra del titolo del browser o nella scheda della pagina.

- **<body>**: Questo è il secondo figlio dell'elemento `<html>`, e contiene il contenuto principale del documento web.

- **<canvas id="platform_canvas"></canvas>**: Questo elemento `<canvas>` sarà utilizzato per disegnare il tuo gioco. L'attributo `id` viene utilizzato per riferirsi a questo elemento nel tuo codice JavaScript.

- **<script src="platform.js"></script>**: Questo elemento `<script>` carica il tuo file `platform.js`, che contiene il codice del tuo gioco. Viene posizionato alla fine del `<body>` per assicurare che la pagina sia completamente caricata prima dell'esecuzione dello script.

Quindi, la tua struttura HTML di base è pronta! Il prossimo passo sarà aggiungere più funzionalità e interattività al tuo gioco utilizzando JavaScript nel file `platform.js`.

Nella cartella `src`, oltre a `platform.js`, creeremo diversi file JavaScript. Avremo file separati per gestire aspetti specifici del gioco, come i personaggi, i nemici, i livelli, ecc.

Nella cartella `assets`, immagazzineremo tutte le risorse necessarie per il tuo gioco. Questo include sprites per i personaggi, immagini, suoni, e così via.

L'organizzazione del tuo progetto è cruciale per mantenere il codice gestibile e comprensibile. Con una struttura di progetto ben organizzata, troverai molto più facile navigare e capire il tuo codice, soprattutto quando il progetto inizia a crescere in dimensioni e complessità.

Ora puoi procedere alla creazione del file "platform.js", che conterrà la logica del tuo gioco platform. All'interno della cartella del tuo progetto, crea un nuovo file chiamato "platform.js". Apri il file "platform.js" con il tuo editor e inizia a scrivere il codice per la logica del gioco:

```javascript
// Definisci le dimensioni della mappa
const mappa = {
    larghezza: 100,
    altezza: 100
};

// Ottieni il riferimento al canvas
var canvas = document.getElementById("platform_canvas");
var ctx = canvas.getContext("2d");
canvas.width = mappa.larghezza;
canvas.height = mappa.altezza;

// Funzione per disegnare il gioco sul canvas
function disegnaGioco()
{
    // Pulisci il canvas
    ctx.clearRect(0, 0, mappa.larghezza, mappa.altezza);

    // ...

    // Richiama la funzione per il disegno del gioco alla prossima animazione
    requestAnimationFrame(disegnaGioco);
}

// Avvia il motore del gioco
disegnaGioco();
```

- Prima, definisci un oggetto <mappa> con due proprietà: <larghezza> e <altezza>. Queste rappresentano rispettivamente la larghezza e l'altezza della mappa del tuo gioco.

- Poi, ottieni un riferimento all'elemento <canvas> della tua pagina HTML utilizzando il metodo <document.getElementById>. Questo ti permette di manipolare il canvas e di disegnare il tuo gioco su di esso.

- Successivamente, usi il metodo <getContext> del canvas per ottenere l'oggetto di contesto di rendering 2D, noto come <ctx>. Questo oggetto offre metodi e proprietà per disegnare sul canvas.

- Imposti la larghezza e l'altezza del canvas per corrispondere a quelle della tua mappa.

- Definisci una funzione <disegnaGioco> che:
    o Pulisce il canvas con il metodo <clearRect>.
    o Chiama se stessa alla prossima animazione utilizzando il metodo <requestAnimationFrame>. Questo crea un loop di animazione che continua a disegnare il tuo gioco finché non lo fermi.

- Infine, avvii il motore del gioco chiamando la funzione <disegnaGioco>.

Il tuo gioco platform ora ha una struttura di base e un loop di animazione. Il prossimo passo sarà iniziare a disegnare sul canvas, aggiungendo elementi come il terreno, il personaggio del giocatore, i nemici e così via.

"Rayman, the hero of whimsical adventures." - Rayman

Capitolo 7: Creazione della mappa e progettazione della struttura di base del gioco

Nel Capitolo 7, ci concentreremo sulla creazione della mappa e sulla progettazione della struttura di base del nostro gioco platform. Utilizzeremo sia Box2D.js che Matter.js per creare il mondo di gioco, definendo elementi come piattaforme, ostacoli e oggetti interattivi. Inizieremo con una grafica semplice, utilizzando forme geometriche e colori di base per rappresentare gli elementi del gioco. Successivamente, creeremo personaggi, nemici e oggetti, imparando i concetti fondamentali dell'animazione e dell'interazione tra gli elementi. Implementeremo anche effetti come il "fog of war", che aggiungeranno un elemento di mistero e suspense al gioco. Inoltre, svilupperemo un sistema di movimento, esplorazione e collisione per i nostri personaggi, consentendo loro di interagire con l'ambiente di gioco in modo realistico. Infine, creeremo una UI semplice per il gioco, che fornirà informazioni importanti al giocatore. Al termine di questo capitolo, avremo la nostra prima esecuzione ufficiale del gioco, pronti per esplorare e divertirci nel mondo che abbiamo creato.

Creazione del mondo di gioco con BOX2D.js

La creazione di un mondo di gioco utilizzando la libreria BOX2D.js comporta una serie di passaggi essenziali. Innanzitutto, bisogna includere la libreria Box2D.js nel tuo progetto, devi prima scaricare la libreria da una fonte affidabile come GitHub o un CDN e poi includerla nel tuo file HTML.

Sei libero di scaricare la libreria e metterla nel tuo progetto localmente, oppure puoi utilizzare un Content Delivery Network (CDN) per includerla. Di seguito è riportato un esempio di come includere Box2D tramite un CDN:

```
<script src="https://cdnjs.cloudflare.com/ajax/libs/box2d/2.3.1/Box2d.min.js"></script>
```

Nell'esempio sopra, Box2D.js è stato incluso nel file HTML utilizzando l'elemento `<script>` con l'attributo `src` che punta all'URL del file JavaScript della libreria sul CDN. Questo fa sì che il file JavaScript venga scaricato e eseguito dal browser quando la pagina viene caricata.

Una volta che la libreria Box2D.js è stata inclusa nel tuo progetto, sei pronto per iniziare a utilizzare le sue funzionalità nel tuo codice JavaScript.

Per farlo, è necessario creare un'istanza dell'oggetto 'b2World', che rappresenta il mondo fisico in cui si muoveranno gli oggetti del gioco. Un mondo in BOX2D.js è composto da un insieme di corpi rigidi, le cui interazioni fisiche, come le collisioni e la gravità, vengono gestite dalla libreria.

```
// Inizializzazione delle variabili
var b2Vec2 = Box2D.Common.Math.b2Vec2,
    b2BodyDef = Box2D.Dynamics.b2BodyDef,
    b2Body = Box2D.Dynamics.b2Body,
    b2FixtureDef = Box2D.Dynamics.b2FixtureDef,
    b2World = Box2D.Dynamics.b2World,
    b2PolygonShape = Box2D.Collision.Shapes.b2PolygonShape,
    b2CircleShape = Box2D.Collision.Shapes.b2CircleShape;

// Creazione del mondo fisico
var world = new b2World(
    new b2Vec2(0, 10)      // gravità
    , true                 // permette ai corpi inattivi di dormire
);
```

In questo esempio, si inizializza un mondo fisico con una gravità di 10 (che simula l'accelerazione dovuta alla gravità sulla Terra) e si permette ai corpi inattivi di "dormire", ovvero di non essere calcolati nel motore fisico se non sono in movimento. In seguito, si crea un terreno statico posizionato in basso, che non subirà le forze fisiche (come la gravità) e quindi rimarrà fisso nella sua posizione.

```
// Definizione del terreno
var bodyDef = new b2BodyDef;
// questo corpo non si muoverà
bodyDef.type = b2Body.b2_staticBody;
bodyDef.position.x = 0;
bodyDef.position.y = 0;

var fixDef = new b2FixtureDef;
fixDef.shape = new b2PolygonShape;
// dimensioni del rettangolo
fixDef.shape.SetAsBox(20, 2);

// aggiungiamo il terreno al mondo
world.CreateBody(bodyDef).CreateFixture(fixDef);
```

Una volta creato il mondo, è possibile aggiungere corpi rigidi e definire le loro forme, densità, attrito e altre proprietà fisiche. Questi corpi possono rappresentare oggetti del gioco come giocatori, nemici, proiettili, ecc.

Infine, si avvia il ciclo di gioco, che aggiorna il mondo fisico e ridisegna gli oggetti in base ai nuovi stati calcolati.

Nota: Box2D è una libreria molto potente e complessa che offre molte altre funzionalità, tra cui sensori, giunti, controller di forze, collisioni e callback di contatto. Assicurati di consultare la documentazione ufficiale per apprendere tutte le possibilità offerte da Box2D.js.

Creazione del Mondo di Gioco con Matter.js

Nello sviluppo di un videogioco, il mondo di gioco rappresenta l'ambiente in cui i personaggi e gli oggetti interagiscono. In un gioco di piattaforme, ciò può includere vari livelli, piattaforme, ostacoli e molto altro. Per creare un mondo di gioco per il nostro videogioco di piattaforme, utilizzeremo la libreria Matter.js, un popolare motore fisico per il web.

Per cominciare, è necessario includere Matter.js nel nostro progetto. Puoi farlo in due modi:

1. scaricando la libreria dal sito web ufficiale e copiandola in locale in una directory che hai creato per il progetto.

2. utilizzando un CDN (Content Delivery Network). Aggiungi il seguente tag <script> nel tuo file "platform.html":

```
<script src="https://cdnjs.cloudflare.com/ajax/libs/matter-js/0.14.2/matter.min.js"></script>
```

Una volta inclusa la libreria nel tuo file platform.html, possiamo iniziare a utilizzare le sue funzionalità per creare il nostro mondo di gioco.

1. **Importa le classi** necessarie da Matter.js. Queste includono ad esempio `Engine` per creare un motore fisico, `Render` per il rendering, `World` per creare un mondo fisico, e `Bodies` per creare oggetti fisici:

```
// Importa i moduli necessari da Matter.js
var Engine = Matter.Engine,
    Render = Matter.Render,
    World = Matter.World,
    Bodies = Matter.Bodies;
```

2. **Crea un nuovo motore fisico** utilizzando `Engine.create()`:

```
// Crea un motore
const engine = Engine.create({
  gravity: {
    x: 0, // Componente x della gravità (orizzontale)
    y: 1 // Componente y della gravità (verticale)
  }
});
```

3. **Crea un nuovo renderer** utilizzando `Render.create()`. Il renderer è configurato per utilizzare il `<canvas>` dell'HTML, il motore fisico creato sopra, e ha le dimensioni della mappa. L'opzione `wireframes` è impostata su `false` per disegnare oggetti pieni invece di semplici wireframes:

```
// Crea un renderer
var render = Render.create({
    canvas: canvas,
    engine: engine,
    options: {
        width: mappa.width,
        height: mappa.height,
        wireframes: false
    }
});
```

4. Crea alcuni oggetti fisici. Un rettangolo statico che funge da terreno, una palla circolare, e un triangolo. Questi sono poi aggiunti al mondo fisico:

```
var ground = Bodies.rectangle(mappa.larghezza / 2, mappa.altezza - 30,
                            mappa.larghezza, 60, { isStatic: true });
var ball = Bodies.circle(100, 50, 20);
var triangle = Bodies.polygon(200, 200, 3, 50);

World.add(engine.world, [ground, ball, triangle]);
```

Questo codice creerà un mondo fisico con un terreno, una palla e un triangolo. Quando viene eseguito, la palla e il triangolo dovrebbero cadere sul terreno a causa della gravità.

5. **Avvia il motore e il renderer**:

```
// Avvia il motore e il renderer
Engine.run(engine)
Render.run(render)
```

Un ottimo risultato non è vero? Ma il bello deve ancora venire.

Finora, abbiamo stabilito i fondamenti per lo sviluppo di un gioco di piattaforma basato sul web utilizzando HTML, CSS e JavaScript. In particolare:

1. **Creazione della Struttura di Base**: Abbiamo creato la struttura di base del progetto, comprensiva di una cartella "platform" contenente la pagina HTML di avvio del gioco "platform.html" e il file JavaScript "platform.js", oltre alle cartelle "src" e "assets" per contenere rispettivamente i file del codice sorgente e le risorse del gioco.

2. **Impostazione della Pagina HTML**: Abbiamo definito la struttura base del file "platform.html", che include un elemento `<canvas>` per il disegno del gioco e un elemento `<script>` per caricare il codice JavaScript del gioco.

3. **Codifica del Gioco**: Abbiamo iniziato a scrivere il codice del gioco in JavaScript nel file "platform.js", inizialmente impostando le dimensioni del campo di gioco, recuperando il riferimento al canvas, creando ed avviando il motore e il renderer fisici, creando diversi corpi (terreno, palla, triangolo) e aggiungendoli al mondo del gioco.

Nel proseguimento di questo libro, sceglieremo di utilizzare la libreria fisica Matter.js per la realizzazione del gioco di piattaforma. La decisione è motivata dalle seguenti ragioni:

1. **Natività JavaScript**: Matter.js è scritta nativamente in JavaScript, il che rende l'integrazione con il nostro progetto basato su JavaScript fluida e diretta.

2. **Documentazione Completa**: Matter.js ha una documentazione ampia e dettagliata, che semplifica l'apprendimento e l'utilizzo della libreria.

3. **Estensibilità e Flessibilità**: Matter.js offre una vasta gamma di funzionalità per la simulazione fisica e fornisce una flessibilità considerevole per estendere ed adattare queste funzionalità alle specifiche esigenze del nostro gioco.

Sebbene Box2D.js sia una libreria fisica potente ed estensivamente utilizzata, la scelta di Matter.js è favorita dalla sua semplicità di integrazione con JavaScript, la completa documentazione e la sua estensibilità e flessibilità.

Nonostante la decisione di utilizzare Matter.js, questo libro includerà comunque riferimenti ed esempi sull'implementazione di codice con Box2D.js.

Ciò sarà utile per i lettori interessati a conoscere anche questa libreria e per permettere una comparazione tra i due approcci.

Definizione degli elementi di base e generazione della mappa

Nella creazione di un gioco platform, è fondamentale definire gli elementi di base che costituiranno la mappa di gioco. Questi elementi possono includere piattaforme, ostacoli, oggetti collezionabili e nemici. È possibile rappresentare questi elementi come oggetti nel mondo di gioco utilizzando una libreria come Matter.js.

La generazione della mappa può essere basata su una serie di path definiti. Puoi creare un array di punti che rappresentano il percorso desiderato e utilizzarli come riferimento per posizionare gli elementi della mappa lungo il percorso. Ad esempio, puoi definire una serie di punti che rappresentano l'altezza e la posizione delle piattaforme e utilizzare questi punti per creare gli oggetti di piattaforma nel mondo di gioco.

Inoltre, puoi arricchire la generazione della mappa aggiungendo elementi casuali o variando la disposizione degli elementi di base seguendo regole o parametri specifici. Ad esempio, puoi creare una funzione per posizionare ostacoli o nemici in modo casuale lungo il percorso, rendendo ogni partita unica e offrendo una maggiore varietà di sfide ai giocatori.

La definizione degli elementi di base e la generazione della mappa offrono una solida base per la creazione di un'esperienza di gioco coinvolgente e stimolante. Con Matter.js e una corretta progettazione degli elementi di base, puoi creare una mappa di gioco interessante e divertente da esplorare.

Per organizzare il progetto in modo ordinato, possiamo creare una struttura ad albero di directory con cartelle e sottocartelle appropriate. Successivamente, procediamo alla creazione della mappa di gioco, immaginando di trovarci all'interno di una cavità nascosta nella foresta, dove il nostro giocatore potrà eseguire le sue azioni.

Ecco i passi da fare:

1. Crea una cartella principale per il progetto.

2. All'interno della cartella principale, creare il file "platform.html".

3. Creare una sottocartella chiamata "js" all'interno della cartella principale.

4. All'interno della cartella "js", crea i seguenti file JavaScript:
   - platform.js
   - constants.js
   - copia (o crea) gli altri file JavaScript che verranno utilizzati nel progetto (es. matter.js, decomp.js, ecc.)

5. Crea una sottocartella chiamata "sprites" all'interno della cartella principale.

6. All'interno della cartella "sprites", inserisci tutte le immagini che userai nel gioco.

La struttura finale delle cartelle sarà la seguente:

- Cartella principale
  - platform.html
  - Cartella "js"
    - platform.js
    - matter.js
    - constants.js
    - altri file JavaScript
  - Cartella "sprites"
    - immagini del gioco
  - Cartella "sounds"
    - Suoni e musiche del gioco

Adesso rimbocchiamoci le maniche e rivediamo il codice scritto fino ad ora per costruire il nostro mondo fisico 2D simulato.

Riscriviamo il contenuto del file **platform.html**:

```html
<!doctype html>
<html>
    <head>
        <meta charset="UTF-8">
        <title>Platform 0.1</title>
    </head>
    <body>

        <canvas id="platform_canvas"></canvas>

        <script src="js/decomp.js"></script>

        <script src="js/matter.js"></script>

        <script src="js/constants.js"></script>

        <script src="js/platform.js"></script>

    </body>
</html>
```

Creiamo ora il file **constants.js** e posizioniamolo nella directory 'js' creata appositamente per contenere i files JavaScript.

```javascript
// Definiamo le dimensioni della mappa
const map = {
    width: 1000,
    height: 800
};

// il punto centrale della nostra mappa
const centerX = map.width / 2
const centerY = map.height / 3
```

Ora definiamo le coordinate di una splendida cascata che scorre nel nostro scenario, aggiungendo un elemento scenico mozzafiato.

```
// coordinate cascata in gioco
const waterfallX = 260
const waterfallY = 110
```

Poi definiamo dei colori di base per la caverna dentro la nostra foresta.

```
// colori
const COLOR_GRASS = '#20320B';
const COLOR_DIRT = '#271F0D';
const COLOR_DIRT_DARKER = '#171103';
```

Poi definiamo una serie di PATHS, lista di vertici di poligoni che disegneremo all'interno della nostra mappa.

```
const PATHS = {
    base: '0 160 120 240 260 260 520 200 540 160 520 120 400 60 160 60 20 80'
    ,ceiling: '0 0 0 60 220 120 440 140 920 100 1100 20 1100 0'
    ,flooring: '0 0 1100 0 960 -40 880 -60 420 -120 200 -120 -0 -40'
}
```

Nota: Assicurati di scaricare il codice completo del progetto che stiamo costruendo tramite questo libro. Avrai così la possibilità di seguire passo-passo l'evoluzione del progetto. Nel codice completo troverai anche altri poligoni che ho definito per offrirti la possibilità di sperimentare con le forme interne alla mappa. Sarà divertente giocare con le diverse forme e personalizzare ulteriormente il tuo mondo.

Infine, le sprites.

```
// sprites
const steamgeneratorSprite = 'sprites/steamgenerator.png'
const grassSprite = 'sprites/grass2.png'
const internalGrassSprite = 'sprites/internalgrass.png'
const dirtSprite = 'sprites/dirt.png'
const internalDirtSprite = 'sprites/internaldirt.png'
```

```
const rockSprite = 'sprites/rock.png'
const exitSprite = 'sprites/exit.png'
const vineSprite = 'sprites/vine.png'
const vineHeadSprite = 'sprites/vinehead.png'
const switchSprite = 'sprites/switch1.png'
const giftSprite = 'sprites/key_1.png'
const playerSprite = 'sprites/player1.png'
const enemySprite = 'sprites/enemy.png'
```

Adesso passiamo al codice sorgente del nostro file principale, platform.js:

```
// Ottieni il riferimento al canvas
var canvas = document.getElementById("platform_canvas");
const ctx = canvas.getContext("2d");
canvas.width = map.width;
canvas.height = map.height;
```

Ridefiniamo i componenti essenziali di Matter.js:

```
// Importa i moduli necessari da Matter.js
var Engine = Matter.Engine,
    Render = Matter.Render,
    World = Matter.World,
    Body = Matter.Body,
    Bodies = Matter.Bodies,
    Vertices = Matter.Vertices,
    Query = Matter.Query,
    Events = Matter.Events,
    Runner = Matter.Runner,
    Constraint = Matter.Constraint,
    Composite = Matter.Composite,
    Composites = Matter.Composites
```

Ecco una spiegazione componente per componente:

- `Engine`: Il modulo `Engine` contiene funzioni per creare e gestire un motore fisico.

- `Render`: Il modulo `Render` fornisce funzionalità per creare e gestire un renderer che visualizza i corpi fisici nel canvas.

- `World`: Il modulo `World` contiene funzioni per creare e gestire il mondo fisico in cui i corpi interagiscono.

- `Body`: Il modulo `Body` fornisce funzioni per creare e gestire corpi fisici.

- `Bodies`: Il modulo `Bodies` contiene funzioni per creare corpi fisici predefiniti come rettangoli, cerchi e poligoni.

- `Vertices`: Il modulo `Vertices` fornisce funzioni per creare e manipolare i vertici dei corpi poligonali.

- `Query`: Il modulo `Query` fornisce funzionalità per eseguire query sui corpi fisici, ad esempio per verificare se un punto è all'interno di un corpo.

- `Runner`: Il modulo `Runner` contiene funzioni per eseguire il ciclo di aggiornamento del motore fisico.

- `Constraint`: Il modulo `Constraint` fornisce funzionalità per creare e gestire vincoli tra i corpi fisici.

- `Composite`: Il modulo `Composite` contiene funzioni per creare e gestire gruppi di corpi fisici come compositi.

- `Composites`: Il modulo `Composites` fornisce funzioni per creare corpi fisici composti da più corpi collegati tra loro.
- Queste dichiarazioni di variabili stanno importando i moduli e assegnando le corrispondenti funzioni o oggetti a variabili locali per poterli utilizzare nel codice successivo.

Creiamo il motore:

```
// Crea un motore
var engine = Engine.create();
```

Poi per concludere, definiamo il renderer.

```
// Crea un renderer
var render = Render.create({
    canvas: canvas,
    engine: engine,
    options: {
        width: map.width,
        height: map.height,
        background: COLOR_DIRT_DARKER,
        visible: false,
        showCollisions: false,
        wireframes: false
    }
});
```

Viene creata un'istanza del renderer di Matter.js utilizzando la funzione `Render.create()`. Il renderer è responsabile per visualizzare i corpi e il mondo fisico su un canvas HTML.

Nell'oggetto di configurazione del renderer, specifichiamo diverse opzioni:

- `**canvas**`: il riferimento al canvas HTML su cui verrà visualizzato il mondo fisico.
- `**engine**`: il motore fisico che gestirà i calcoli dei corpi.
- `**width**` e `**height**`: le dimensioni del canvas.
- `**background**`: il colore di sfondo del canvas.
- `**visible**`: indica se il renderer è visibile o meno.
- `**showCollisions**`: indica se mostrare le collisioni tra i corpi.
- `**wireframes**`: indica se utilizzare una rappresentazione wireframe per i corpi.
- Queste opzioni, così come il resto del codice sorgente che incontrerai nel libro, possono essere personalizzate in base alle esigenze del progetto che stai sviluppando.

In sintesi, il codice inizializza il motore fisico e il renderer di Matter.js, fornendo le impostazioni necessarie per il rendering e la gestione dei corpi fisici all'interno del mondo.

A questo punto dobbiamo definire un approccio per disegnare le caverne in cui il player si muoverà compiendo azioni; Partiamo dalla funzione che implementeremo per disegnare dei poligoni che rappresentano le cavità di questi luoghi e poi scriveremo una di seguito all'altra tutte le funzioni necessarie per definire il nostro ambiente:

```javascript
function addStaticPolygon(path, x, y, color)
{
  var vertz = Vertices.fromPath(path);

  // crea il poligono, dai vertici
  var polygon = Bodies.fromVertices(x, y, vertz,
  {
    isStatic: true,
    render: {
      fillStyle: color,
      strokeStyle: color,
      lineWidth: -1
    }
  });

  // aggiungiamo il poligono
  Composite.add(engine.world, [polygon]);

  return polygon
}
```

Ecco una spiegazione passo per passo del codice:

1. Viene definita la funzione `addStaticPolygon` con i seguenti parametri:
   - `path`: una stringa che rappresenta il percorso del poligono.
   - `x`: la coordinata x del centro del poligono.
   - `y`: la coordinata y del centro del poligono.
   - `color`: il colore del poligono.

2. Viene utilizzata la funzione `Vertices.fromPath` di Matter.js per ottenere l'array dei vertici del poligono a partire dal percorso specificato.

3. Viene creato il poligono utilizzando la funzione `Bodies.fromVertices` di Matter.js. Vengono passati i seguenti parametri:
   - `x` e `y`: le coordinate del centro del poligono.
   - `vertz`: l'array dei vertici del poligono ottenuto precedentemente.
   - Un oggetto di opzioni che contiene:
   - `isStatic: true` indica che il poligono è statico e non viene influenzato dalla fisica.
   - `render`: un oggetto che contiene le opzioni di rendering del poligono, come il colore di riempimento (`fillStyle`), il colore del contorno (`strokeStyle`) e lo spessore del contorno (`lineWidth`).

4. Il poligono viene aggiunto al mondo del motore di Matter.js utilizzando la funzione `Composite.add`.

5. Infine, la funzione restituisce il poligono creato.

```
// Funzione per verificare se un punto è all'interno di un poligono
function isPointInsidePolygon(point, vertices) {
  let inside = false;
  const x = point.x;
  const y = point.y;
  const numVertices = vertices.length;

  for (let i = 0, j = numVertices - 1; i < numVertices; j = i++) {
    const xi = vertices[i].x;
    const yi = vertices[i].y;
    const xj = vertices[j].x;
    const yj = vertices[j].y;

    const intersect =
      yi > y !== yj > y && x < ((xj - xi) * (y - yi)) / (yj - yi) + xi;

    if (intersect) {
      inside = !inside;
    }
  }

  return inside;
}
```

La funzione `isPointInsidePolygon` viene utilizzata per verificare se un punto si trova all'interno di un poligono. Ecco una spiegazione passo per passo del codice:

- Viene definita la funzione `isPointInsidePolygon` con due parametri:
  a. `point`: un oggetto che rappresenta le coordinate del punto da verificare, con le proprietà `x` e `y`.
  b. `vertices`: un array di vertici del poligono.

- Viene inizializzata la variabile `inside` a `false`. Questa variabile tiene traccia se il punto è all'interno o all'esterno del poligono.

- Viene estratto il valore `x` e `y` dal punto in coordinate separate per facilità di utilizzo.

- Viene ottenuto il numero di vertici del poligono.

- Viene eseguito un ciclo `for` che itera attraverso i vertici del poligono utilizzando le variabili `i` e `j`.

- All'interno del ciclo, vengono estratte le coordinate dei vertici correnti (`xi`, `yi`) e precedenti (`xj`, `yj`) per facilitare i calcoli successivi.

- Viene calcolato il valore di intersezione (`intersect`) utilizzando una formula di intersezione di segmenti per determinare se il punto si trova sul lato sinistro o destro di ogni segmento del poligono rispetto all'asse y. Se il valore è vero, significa che il punto ha intersecato il lato del poligono.

- Se c'è stata un'intersezione, viene invertito il valore di `inside` utilizzando l'operatore `!` per tener traccia delle intersezioni totali con i lati del poligono.

- Alla fine del ciclo, viene restituito il valore finale di `inside`, che indica se il punto si trova all'interno o all'esterno del poligono.

In sintesi, questa funzione implementa l'algoritmo del tratto orizzontale per determinare se un punto si trova all'interno di un poligono. Utilizza la proprietà di intersezione dei segmenti per calcolare il numero di intersezioni tra il punto e i lati del poligono.

```javascript
// Funzione per trovare i punti interni al poligono dato un array dei suoi vertici
function findInteriorPoints(vertices, numPoints)
{
  const minX = Math.min(...vertices.map((vertex) => vertex.x));
  const minY = Math.min(...vertices.map((vertex) => vertex.y));
  const maxX = Math.max(...vertices.map((vertex) => vertex.x));
  const maxY = Math.max(...vertices.map((vertex) => vertex.y));

  const interiorPoints = [];
  let count = 0;

  while (count < numPoints) {
    const x = Math.floor(Math.random() * (maxX - minX + 1)) + minX;
    const y = Math.floor(Math.random() * (maxY - minY + 1)) + minY;

    const point = { x, y };

    if (isPointInsidePolygon(point, vertices)) {
      interiorPoints.push(point);
      count++;
    }
  }

  return interiorPoints;
}
```

La funzione `findInteriorPoints` viene utilizzata per trovare punti casuali all'interno di un poligono dato un array dei suoi vertici. Ecco una spiegazione passo per passo del codice:

1. Viene definita la funzione `findInteriorPoints` con due parametri:
   a. `vertices`: un array di vertici del poligono.
   b. `numPoints`: il numero di punti interni da trovare.

2. Vengono calcolati i valori minimi e massimi delle coordinate `x` e `y` dei vertici del poligono utilizzando le funzioni `Math.min` e `Math.max` insieme a `...` (operatore di spread) e `map`. Questi valori sono necessari per generare i punti casuali all'interno del rettangolo che racchiude il poligono.

3. Viene creato un array vuoto `interiorPoints` per contenere i punti interni al poligono.

4. Viene inizializzata la variabile `count` a 0 per tener traccia del numero di punti trovati.

5. Viene eseguito un ciclo `while` che continua fino a quando non viene raggiunto il numero desiderato di punti interni.

6. All'interno del ciclo, vengono generati casualmente le coordinate `x` e `y` utilizzando la funzione `Math.random` e i valori minimi e massimi delle coordinate del rettangolo.

7. Viene creato un oggetto `point` con le coordinate generate.

8. Viene verificato se il punto è all'interno del poligono utilizzando la funzione `isPointInsidePolygon`. Se il punto è all'interno, viene aggiunto all'array `interiorPoints` e viene incrementato il valore di `count`.

9. Alla fine del ciclo, viene restituito l'array `interiorPoints` contenente i punti interni al poligono.

In sintesi, questa funzione genera punti casuali all'interno di un poligono verificando se ogni punto generato si trova all'interno del poligono utilizzando la funzione `isPointInsidePolygon`. Restituisce un array di punti interni al poligono.

```
function addInternalCosmeticSprites(points, numPoints, spriteimg, shiftx = 0, shifty = 0)
{
  const interiorPoints = findInteriorPoints(points, numPoints);

  for (let i = 0; i < interiorPoints.length; i++)
  {
    const position = interiorPoints[i]

    const sprimgbody = Bodies.rectangle(position.x + shiftx, position.y + shifty, 16, 16, {
      isStatic: true, // la sprite cosmetica resta ferma per sempre in quel posto
      isSensor: true, // Impostiamo isSensor su true per evitare collisioni fisiche
      angle: Math.random() * Math.PI * 2, // Angolo casuale in radianti
      render: {
        sprite: {
          texture: spriteimg,
          xScale: 1,
          yScale: 1,
        },
      },
    });

    Composite.add(engine.world, [sprimgbody]);
  }
}
```

La funzione `addInternalCosmeticSprites` viene utilizzata per aggiungere sprite cosmetiche all'interno del poligono. Ecco una spiegazione passo per passo del codice:

1. Viene definita la funzione `addInternalCosmeticSprites` con cinque parametri:
- `points`: un array di vertici del poligono.
- `numPoints`: il numero di punti interni in cui posizionare le sprite cosmetiche.
- `spriteimg`: l'immagine da utilizzare come sprite cosmetica.
- `shiftx`: (opzionale) lo spostamento orizzontale delle sprite rispetto ai punti interni.
- `shifty`: (opzionale) lo spostamento verticale delle sprite rispetto ai punti interni.

2. Viene utilizzata la funzione `findInteriorPoints` per ottenere un array di punti interni al poligono.

3. Viene eseguito un ciclo `for` per ogni punto all'interno dell'array `interiorPoints`.

4. All'interno del ciclo, viene ottenuto il punto corrente dalla lista `interiorPoints`.

5. Viene creato un oggetto `sprimgbody` rappresentante il corpo della sprite cosmetica. Viene utilizzata la funzione `Bodies.rectangle` per creare un rettangolo con le dimensioni specificate (16x16) e le proprietà specificate:
   - `isStatic: true`: la sprite cosmetica rimane ferma per sempre in quel posto.
   - `isSensor: true`: viene impostato su `true` per evitare collisioni fisiche con altri oggetti.
   - `angle: Math.random() * Math.PI * 2`: viene impostato un angolo casuale in radianti per ruotare la sprite.

6. Viene definita la proprietà `render` per personalizzare l'aspetto della sprite cosmetica. Viene impostato il `texture` dell'immagine specificata nella proprietà `sprite`, e vengono impostati i valori `xScale` e `yScale` a 1 per mantenere le dimensioni originali dell'immagine.

7. Il corpo della sprite cosmetica viene aggiunto al mondo fisico utilizzando la funzione `Composite.add` insieme all'array `[sprimgbody]`.

In sintesi, questa funzione posiziona sprite cosmetiche all'interno del poligono in punti casuali. Le sprite sono create come rettangoli con immagini specificate e vengono aggiunte al mondo fisico utilizzando Matter.js. Il termine cosmetico non è casuale: queste sprite, infatti, hanno il solo scopo di dare maggiore profondità stilistica alla scena.

```
function addCosmeticBorder(vertices, spriteimg)
{
  const edges = vertices.length;

  for (let i = 0; i < edges; i++) {
    const vertexA = vertices[i];
    const vertexB = vertices[(i + 1) % edges];

    const segmentLength = Matter.Vector.magnitude(Matter.Vector.sub(vertexB, vertexA));
    const numSprites = Math.ceil(segmentLength / 32); // Lunghezza della sprite

    const segmentVector = Matter.Vector.sub(vertexB, vertexA);
    const segmentNormalized = Matter.Vector.normalise(segmentVector);
    const segmentStep = Matter.Vector.mult(segmentNormalized, segmentLength / numSprites);

    for (let j = 0; j < numSprites; j++) {
      const position = Matter.Vector.add(vertexA, Matter.Vector.mult(segmentStep, j + 0.5));

      const sprImg = Bodies.rectangle(position.x, position.y, segmentLength / numSprites, 32,
      {
        isStatic: true, // l'erba resta ferma per sempre in quel posto
        isSensor: true, // Impostiamo isSensor su true per evitare collisioni fisiche
        angle: Math.atan2(segmentVector.y, segmentVector.x),
        render: {
          sprite: {
            texture: spriteimg,
            xScale: 1,
            yScale: 1,
          },
        },
      });

      Composite.add(engine.world, [sprImg]);
    }
  }
}
```

La funzione `addCosmeticBorder` viene utilizzata per aggiungere una bordatura cosmetica lungo i bordi del poligono. Ecco una spiegazione passo per passo del codice:

1. Viene definita la funzione `addCosmeticBorder` con due parametri:
- `vertices`: un array di vertici del poligono.
- `spriteimg`: l'immagine da utilizzare come bordatura cosmetica.

2. Viene calcolato il numero di bordi del poligono utilizzando la proprietà `length` dell'array `vertices`.

3. Viene eseguito un ciclo `for` per ogni bordo del poligono.

4. All'interno del ciclo, vengono ottenuti i vertici corrispondenti al bordo corrente: `vertexA` e `vertexB`.

5. Viene calcolata la lunghezza del segmento tra i due vertici utilizzando la funzione `Matter.Vector.magnitude` per ottenere la distanza tra i punti.

6. Viene calcolato il numero di sprite da posizionare lungo il bordo, dividendo la lunghezza del segmento per la larghezza della sprite (32 pixel, come specificato nel commento).

7. Viene calcolato il vettore del segmento utilizzando la differenza tra `vertexB` e `vertexA`.

8. Viene normalizzato il vettore del segmento utilizzando la funzione `Matter.Vector.normalise` per ottenere una direzione unitaria.

9. Viene calcolato il passo del segmento, moltiplicando il vettore normalizzato per la lunghezza del segmento diviso per il numero di sprite.

10. Viene eseguito un secondo ciclo `for` per ogni sprite lungo il segmento.

11. All'interno del secondo ciclo, viene calcolata la posizione del punto centrale della sprite lungo il segmento, utilizzando la somma di `vertexA` e il passo del segmento moltiplicato per `j + 0.5` (per posizionare la sprite nel punto medio di ogni segmento).

12. Viene creato un oggetto `sprImg` rappresentante il corpo della sprite cosmetica. Viene utilizzata la funzione `Bodies.rectangle` per creare un rettangolo con le dimensioni specificate e le proprietà specificate:
- `isStatic: true`: la sprite cosmetica rimane ferma per sempre in quel posto.
- `isSensor: true`: viene impostato su `true` per evitare collisioni fisiche con altri oggetti.
- `angle: Math.atan2(segmentVector.y, segmentVector.x)`: viene calcolato l'angolo in radianti del segmento utilizzando la funzione `Math.atan2`.

- `render`: viene definita la proprietà `render` per personalizzare l'aspetto della sprite cosmetica, impostando il `texture` dell'immagine specificata nella proprietà `sprite`, e i valori `xScale` e `yScale` a 1 per mantenere le dimensioni originali dell'immagine.

13. Il corpo della sprite cosmetica viene aggiunto al mondo fisico utilizzando la funzione `Composite.add` insieme all'array `[sprImg]`.

In sintesi, questa funzione posiziona una bordatura cosmetica lungo i bordi del poligono, posizionando sprite rettangolari lungo ogni segmento.

```
function addRandomDirtSprites(numsprites)
{

  for (let i = 0; i < numsprites; i++)
  {
    const posX = Math.random() * map.width;
    const posY = Math.random() * map.height;

    const scaleXY = Math.random() * 1.8 + 0.8

    const dirtSprite = Bodies.rectangle(posX, posY, 32, 32, {
      isStatic: true, // la sprite dirt resta ferma per sempre in quel posto
      isSensor: true, // Impostiamo isSensor su true per evitare collisioni fisiche
      render: {
        sprite: {
          texture: internalDirtSprite,
          xScale: scaleXY,
          yScale: scaleXY,
        },
      },
    });

    Composite.add(engine.world, [dirtSprite]);
  }
}
```

La funzione `addRandomDirtSprites` viene utilizzata per aggiungere sprite casuali di terra sulla mappa. Ecco una spiegazione del codice:

1. Viene definita la funzione `addRandomDirtSprites` con un parametro:
- `numsprites`: il numero di sprite di terra casuali da aggiungere.

2. Viene eseguito un ciclo `for` che itera per il numero di sprite specificato.

3. All'interno del ciclo, vengono generati valori casuali per la posizione dell'sprite sulla mappa:
- `posX`: una coordinata X casuale all'interno della larghezza della mappa.
- `posY`: una coordinata Y casuale all'interno dell'altezza della mappa.

4. Viene generato un fattore di scala casuale `scaleXY` compreso tra 0.8 e 2.6.

5. Viene creato un corpo rettangolare rappresentante l'sprite di terra utilizzando la funzione `Bodies.rectangle`. Il corpo ha le seguenti proprietà:
- `isStatic: true`: l'sprite di terra rimane ferma per sempre in quel posto.
- `isSensor: true`: viene impostato su `true` per evitare collisioni fisiche con altri oggetti.
- `render`: viene definita la proprietà `render` per personalizzare l'aspetto della sprite di terra, impostando il `texture` dell'immagine specificata nella proprietà `sprite`, e i valori `xScale` e `yScale` generati casualmente per la scala dell'immagine.

6. Il corpo della sprite di terra viene aggiunto al mondo fisico utilizzando la funzione `Composite.add` insieme all'array `[dirtSprite]`.

In sintesi, questa funzione aggiunge un numero specificato di sprite casuali di terra sulla mappa, posizionandole in coordinate casuali e con dimensioni casuali.

```
function addRandomRocks(numrocks)
{

  for (let i = 0; i < numrocks; i++)
  {
    const posX = Math.random() * map.width;
    const posY = Math.random() * map.height;

    const scaleXY = Math.random() * 0.5 + 1

    const rock = Bodies.circle(posX, posY, 16, {
      isStatic: false,
      isSensor: false,
      render: {
        sprite: {
          texture: rockSprite,
          xScale: scaleXY,
          yScale: scaleXY,
        },
      },
    });

    Composite.add(engine.world, [rock]);
  }
}
```

La funzione `addRandomRocks` viene utilizzata per aggiungere rocce casuali sulla mappa. Ecco una spiegazione del codice:

1. Viene definita la funzione `addRandomRocks` con un parametro:
7. `numrocks`: il numero di rocce casuali da aggiungere.

2. Viene eseguito un ciclo `for` che itera per il numero di rocce specificato.

3. All'interno del ciclo, vengono generati valori casuali per la posizione della roccia sulla mappa:
- `posX`: una coordinata X casuale all'interno della larghezza della mappa.
- `posY`: una coordinata Y casuale all'interno dell'altezza della mappa.

4. Viene generato un fattore di scala casuale `scaleXY` compreso tra 1 e 1.5.

5. Viene creato un corpo circolare rappresentante la roccia utilizzando la funzione `Bodies.circle`. Il corpo ha le seguenti proprietà:
   - `isStatic: false`: la roccia non è statica e può muoversi nel mondo fisico.
   - `isSensor: false`: viene impostato su `false` per consentire collisioni fisiche con altri oggetti.
   - `render`: viene definita la proprietà `render` per personalizzare l'aspetto della roccia, impostando il `texture` dell'immagine specificata nella proprietà `sprite`, e i valori `xScale` e `yScale` generati casualmente per la scala dell'immagine.

6. Il corpo della roccia viene aggiunto al mondo fisico utilizzando la funzione `Composite.add` insieme all'array `[rock]`.

In sintesi, questa funzione aggiunge un numero specificato di rocce casuali sulla mappa, posizionandole in coordinate casuali e con dimensioni casuali.

```javascript
function addRandomWaterDrops(x,y, timetospawn, timetolive)
{
  setInterval(function()
  {

    var randomScale = 0.1
    var randomAlpha = 0.7 + Math.random() * 0.3;
    var randomColor =
                      Math.random() < 0.2 ?
                      'rgba(255, 255, 255, ' + randomAlpha + ')' :
                      'rgba(135, 206, 235, ' + randomAlpha + ')'

    var circle = Bodies.circle(x, y, randomScale * 16, {

      render: {
        fillStyle: randomColor,
      },
    });

    Composite.add(engine.world, [circle]);

    setTimeout(function() {
      Composite.remove(engine.world, circle);
    }, timetolive);

  }, timetospawn);

}
```

La funzione `addRandomWaterDrops` viene utilizzata per aggiungere gocce d'acqua casuali sulla mappa a intervalli di tempo regolari. Ecco una spiegazione del codice:

1. Viene definita la funzione `addRandomWaterDrops` con i seguenti parametri:
   - `x`: la coordinata X iniziale delle gocce d'acqua.
   - `y`: la coordinata Y iniziale delle gocce d'acqua.
   - `timetospawn`: l'intervallo di tempo in millisecondi tra la generazione di una goccia d'acqua e la successiva.
   - `timetolive`: il tempo di vita delle gocce d'acqua in millisecondi.

2. Viene utilizzata la funzione `setInterval` per eseguire il codice all'interno della funzione di callback a intervalli di tempo regolari specificati da `timetospawn`.

3. All'interno della funzione di callback, vengono generati valori casuali per la scala, il colore e l'opacità delle gocce d'acqua:
   - `randomScale`: un fattore di scala casuale compreso tra 0.1 e 0.9.
   - `randomAlpha`: un valore casuale compreso tra 0.7 e 1 per l'opacità delle gocce d'acqua.
   - `randomColor`: viene generato un colore casuale utilizzando i valori `randomAlpha` e `Math.random()`. Il colore può essere bianco o una tonalità di azzurro, a seconda del risultato di `Math.random()`.

4. Viene creato un corpo circolare rappresentante una goccia d'acqua utilizzando la funzione `Bodies.circle`. Il corpo ha le seguenti proprietà:
   - `render`: viene definita la proprietà `render` per personalizzare l'aspetto della goccia d'acqua, impostando il `fillStyle` con il colore casuale generato.

5. Il corpo della goccia d'acqua viene aggiunto al mondo fisico utilizzando la funzione `Composite.add` insieme all'array `[circle]`.

6. Viene utilizzata la funzione `setTimeout` per rimuovere il corpo della goccia d'acqua dal mondo fisico dopo un certo periodo di tempo specificato da `timetolive`.

In sintesi, questa funzione genera gocce d'acqua casuali sulla mappa a intervalli di tempo regolari. Le gocce d'acqua vengono create come corpi circolari nel mondo fisico e vengono mostrate con colori casuali. Dopo un certo periodo di tempo, le gocce d'acqua vengono rimosse dal mondo fisico.

Nota: L'espressione `Math.random() < 0.2` viene utilizzata per generare un colore casuale tra due opzioni: bianco (`'rgba(255, 255, 255, ' + randomAlpha + ')'`) o una tonalità di azzurro (`'rgba(135, 206, 235, ' + randomAlpha + ')')`.

L'espressione `Math.random() < 0.2` restituisce un valore booleano che indica se il risultato di `Math.random()` è inferiore a 0.2. In altre parole, ha una probabilità del 20% di essere vero e del 80% di essere falso.

Quindi, se il risultato è vero, il colore della goccia d'acqua sarà bianco con l'opacità `randomAlpha`. Se il risultato è falso, il colore della goccia d'acqua sarà una tonalità di azzurro con l'opacità `randomAlpha`.

Infine, introduciamo la funzione `addVine` per aggiungere liane all'ambientazione.

```
function addVine(x, y, rows, col)
{
  var group = Body.nextGroup(true);

  var rope = Composites.stack(x, y, rows, col, 0, 0, function(x, y)
  {
      return Bodies.rectangle(x, y, 32, 16, {
          collisionFilter: {
              group: group
          },
          render: {
              sprite: {
                  texture: vineSprite
              }
          }
      });
  });

  Composites.chain(rope, 0.5, 0, -0.4, 0, {
    render: {
      visible: false
    },
    stiffness: 0.8,
    length: 1
  });

  Composite.add(rope, Constraint.create({
    render: {
      visible: false
    },
    bodyB: rope.bodies[0],
    pointB: { x: -16, // distanza tra il primo pezzo e il punto di attacco
              y: 0 },
    pointA: { x: rope.bodies[0].position.x, y: rope.bodies[0].position.y },
    stiffness: 0.5
  }));

  Composite.add(engine.world,[rope]);
```

Questi elementi contribuiscono a creare un'atmosfera suggestiva, ma è importante fare attenzione poiché potrebbero diventare aggressive e aggiungere tensione. Esplora con cautela e preparati ad affrontare le sfide che potrebbero presentare!

La funzione `addVine` viene utilizzata per aggiungere liane all'ambientazione del gioco. Di seguito viene spiegato il codice linea per linea:

- `var group = Body.nextGroup(true);`: Viene creato un nuovo gruppo per i corpi delle liane.

- `var rope = Composites.stack(x, y, rows, col, 0, 0, function(x, y) { ... });`: Viene creato un insieme di corpi rettangolari che rappresentano le liane. La funzione anonima specificata come argomento viene utilizzata per creare i corpi delle liane.

Questa funzione viene utilizzata per creare una pila di corpi rettangolari nel mondo fisico. Prende come argomenti le coordinate di partenza `x` e `y`, il numero di righe `rows` e colonne `col` di corpi da creare nello stack, le dimensioni dei corpi rettangolari (32x16 nel codice fornito) e una funzione di callback che viene eseguita per ogni corpo creato.

All'interno della funzione di callback, viene creato un corpo rettangolare utilizzando `Bodies.rectangle` con le dimensioni specificate. Viene anche specificato un `collisionFilter` con un gruppo specifico per controllare e regolamentare le collisioni con altri corpi nel mondo fisico.

Inoltre, viene specificata la configurazione di rendering per il corpo, impostando la texture `vineSprite` come sprite da visualizzare per il corpo rettangolare.

- `Composites.chain(rope, 0.5, 0, -0.4, 0, { ... });`: Vengono collegati in catena i corpi delle liane mediante vincoli. I parametri specificati determinano la lunghezza e la rigidità della catena.

Questa funzione viene utilizzata per collegare una serie di corpi in un modello a catena. Prende come argomenti il gruppo di corpi da collegare e una serie di parametri che definiscono il comportamento della catena. Ecco una spiegazione più dettagliata dei parametri:

- `composites`: L'insieme di corpi da collegare in catena.
- `stiffness`: La rigidità dei vincoli della catena. Un valore maggiore rende la catena più rigida.
- `length`: La lunghezza dei vincoli della catena. Un valore maggiore rende la catena più lunga.
- `x`: L'offset orizzontale tra i corpi collegati. Questo valore determina la distanza tra i corpi nella direzione X.
- `y`: L'offset verticale tra i corpi collegati. Questo valore determina la distanza tra i corpi nella direzione Y.

La funzione crea automaticamente i vincoli tra i corpi in modo che formino una catena continua. I corpi nella catena saranno collegati tra loro come se fossero collegati con giunture. Questo comportamento permette ai corpi di muoversi e interagire tra loro come una catena fisica.

Questo avviene anche nel contesto del gioco che stai costruendo, infatti `Composites.chain` consente alle liane di muoversi e oscillare come una catena realistica nel mondo fisico del gioco.

- `Composite.add(rope, Constraint.create({ ... }));`: Viene aggiunto un vincolo che collega il primo corpo della catena alla posizione di attacco specificata.

- `Composite.add(engine.world,[rope]);`: La catena delle liane viene aggiunta al mondo fisico.

```
// Ottieni l'ultimo pezzo di liana
var lastSegment = rope.bodies[rows * col - 1];

// aggiungo erba da cui la liana spunta
var grass = Bodies.rectangle(x+16, y+16+4, 32, 32, {
  isStatic: true,
  isSensor: true,
  angle: Math.PI,
  render: {
      sprite: {
          texture: grassSprite,
          xScale: 0.6,
          yScale: 1
      }
  }
});

// aggiungiamo l'erba al mondo fisico
Composite.add(engine.world,[grass]);

return lastSegment;
}
```

- `var lastSegment`: recupera il riferimento dell'ultimo pezzo della catena.

- `var grass = Bodies.rectangle(x+16, y+16+4, 32, 32, { ... });`: Viene aggiunto un corpo rettangolare che rappresenta l'erba da cui spuntano le liane.

- `Composite.add(engine.world,[grass]);`: L'erba viene aggiunta al mondo fisico.

- `return lastSegment`: la funzione ritorna il riferimento dell'ultimo pezzo della catena, se la liana è aggressiva ci servirà per definire una sprite "testa di liana" come ultimo pezzo.

Nota: indovina un po', modificando il codice per disporre i segmenti in orizzontale, potremmo costruire e usare un fantastico ponte sospeso!

71

Riassumendo abbiamo definito tutte le funzioni necessarie per costruire uno scenario accattivante e fisicamente realistico, eccole riepilogate di seguito:

- `addStaticPolygon`: crea e aggiunge un poligono statico con riempimento a una determinata posizione.

- `isPointInsidePolygon`: verifica se un punto è all'interno di un poligono.

- `findInteriorPoints`: trova punti interni a un poligono dato un array dei suoi vertici.

- `addInternalCosmeticSprites`: aggiunge sprite cosmetiche interne al poligono in posizioni casuali.
- `addCosmeticBorder`: aggiunge sprite cosmetiche lungo il bordo del poligono.

- `addRandomDirtSprites`: aggiunge sprite di terra in posizioni casuali.

- `addRandomRocks`: aggiunge rocce in posizioni casuali.

- `addRandomWaterDrops`: aggiunge gocce d'acqua che appaiono in punti casuali nel tempo.

- `addVine`: aggiunge liane all'ambientazione del gioco, con la possibilità che diventino aggressive.

Dopodichè:

```
// Chiamiamo la funzione per aggiungere le sprite dirt casuali
addRandomDirtSprites(30);
```

- `addRandomDirtSprites(30);`: Aggiunge 30 sprite di terra casuali al tuo scenario.

```
// recupera i vertici del poligono del soffitto
var polygonCeiling = addStaticPolygon(PATHS.ceiling, 500, 40, COLOR_DIRT)

// recupera i vertici del poligono del pavimento
var polygonFlooring = addStaticPolygon(PATHS.flooring, 460, map.height-30, COLOR_GRASS)

// recupera i vertici del poligono della base di partenza
var polygonBase = addStaticPolygon(PATHS.base, centerX, 460, COLOR_GRASS)

// imposta il poligono del muro sinistro
var polyWallL = addStaticPolygon(PATHS.pathrev4, -10, centerY+170, COLOR_DIRT)

// imposta il poligono del muro destro
var polyWallR = addStaticPolygon(PATHS.pathrev3, map.width+50, centerY+190, COLOR_DIRT)
```

- `var polygonCeiling = addStaticPolygon(PATHS.ceiling, 500, 40, COLOR_DIRT)`: Crea un poligono statico con i vertici definiti in `PATHS.ceiling` e lo posiziona a coordinate (500, 40). Il poligono rappresenta il soffitto.

- `var polygonFlooring = addStaticPolygon(PATHS.flooring, 460, map.height-30, COLOR_GRASS)`: Crea un poligono statico con i vertici definiti in `PATHS.flooring` e lo posiziona a coordinate (460, altezza mappa - 30). Il poligono rappresenta il pavimento.

- `var polygonBase = addStaticPolygon(PATHS.base, centerX, 460, COLOR_GRASS)`: Crea un poligono statico con i vertici definiti in `PATHS.base` e lo posiziona al centro orizzontale della mappa e a coordinate verticali 460. Il poligono rappresenta la base di partenza.

- `var polyWallL = addStaticPolygon(PATHS.pathrev4, -10, centerY+170, COLOR_DIRT)`: Crea un poligono statico con i vertici definiti in `PATHS.pathrev4` e lo posiziona a coordinate (-10, centerY + 170). Rappresenta il muro di roccia sinistro.

- `var polyWallR = addStaticPolygon(PATHS.pathrev3, map.width+50, centerY+190, COLOR_DIRT)`: Crea un poligono statico con i vertici definiti in `PATHS.pathrev3` e lo posiziona a coordinate (larghezza mappa + 50, centerY + 190). Rappresenta il muro di roccia destro.

```
// effetti particellari acqua sinistra
addRandomWaterDrops(10, 100, 15000, 2000);
addRandomWaterDrops(waterfallX, waterfallY, 100, 1800); //cascata
addRandomWaterDrops(waterfallX+1, waterfallY+4, 300, 1600); //cascata
addRandomWaterDrops(90, 290, 6000, 1300);
addRandomWaterDrops(240, 480, 700, 700);

// effetti particellari acqua destra
addRandomWaterDrops(map.width-45, 100, 10000, 2500);
addRandomWaterDrops(map.width-220, 490, 7000, 800);
```

- `addRandomWaterDrops(10, 100, 15000, 2000);`: Aggiunge effetti di particelle d'acqua casuali a coordinate (10, 100) con un tempo di spawn di 15.000 ms e una durata di 2.000 ms.

- `addRandomWaterDrops(waterfallX, waterfallY, 100, 1800);`: Aggiunge effetti di particelle d'acqua casuali alla posizione della cascata con un tempo di spawn di 100 ms e una durata di 1.800 ms.

- `addRandomWaterDrops(waterfallX+1, waterfallY+4, 300, 1600);`: Aggiunge effetti di particelle d'acqua casuali alla posizione della cascata (leggermente spostata) con un tempo di spawn di 300 ms e una durata di 1.600 ms.

- `addRandomWaterDrops(90, 290, 6000, 1300);`: Aggiunge effetti di particelle d'acqua casuali a coordinate (90, 290) con un tempo di spawn di 6.000 ms e una durata di 1.300 ms.

- `addRandomWaterDrops(240, 480, 700, 700);`: Aggiunge effetti di particelle d'acqua casuali a coordinate (240, 480) con un tempo di spawn di 700 ms e una durata di 700 ms.

- `addRandomWaterDrops(map.width-45, 100, 10000, 2500);`: Aggiunge effetti di particelle d'acqua casuali a coordinate (larghezza mappa - 45, 100) con un tempo di spawn di 10.000 ms e una durata di 2.500 ms.

- `addRandomWaterDrops(map.width-220, 490, 7000, 800);`: Aggiunge effetti di particelle d'acqua casuali a coordinate (larghezza mappa - 220, 490) con un tempo di spawn di 7.000 ms e una durata di 800 ms.

Adesso è venuto il momento di definire un misterioso computer di controllo:

```
const steamgenerator = Bodies.rectangle(centerX, 350, 64, 48,
{
  isStatic: true,
  isSensor: true,
  render: {
      sprite: {
          texture: steamgeneratorSprite
      }
    }
});
```

Oltre a questo, definiamo tre oggetti cosmetici: servono a mostrare quando il computer viene acceso.

```
const steamgeneratorONrect1 = Bodies.rectangle(centerX-18, 350, 4, 9,
  {
    isStatic: true,
    isSensor: true,
    render: {
      visible: false,
      fillStyle: "rgba(0, 255, 0, 0.8)"
    }
});
```

```
const steamgeneratorONrect2 = Bodies.rectangle(centerX, 350, 3, 10,
  {
    isStatic: true,
    isSensor: true,
    render: {
      visible: false,
      fillStyle: "rgba(0, 255, 0, 0.8)"
    }
});
```

```
const steamgeneratorONrect3 = Bodies.rectangle(centerX+9, 351, 11, 7,
  {
    isStatic: true,
    isSensor: true,
    render: {
      visible: false,
      fillStyle: "rgba(0, 255, 0, 0.8)"
    }
});
```

Complessivamente, il codice appena scritto sopra definisce un computer di controllo al tuo ambiente di gioco. Viene creato un rettangolo con larghezza 64 e altezza 48 posizionato al centro orizzontale della mappa e a coordinate verticali 350. Le proprietà `isStatic` e `isSensor` sono impostate su `true`, il che significa che il computer è statico (non si muove) e agisce come un sensore senza influire sulle collisioni fisiche. Viene inoltre definita la sprite del computer di controllo utilizzando l'immagine `steamgeneratorSprite`. Infine, il computer viene aggiunto al mondo fisico tramite la funzione `Composite.add`.

Inoltre, vengono definiti tre rettangoli nelle dirette vicinanze del computer, sono i monitor del computer.

Adesso aggiungiamo questi nuovi oggetti al mondo fisico Matter.js.

```
// aggiungo il computer al mondo fisico
Composite.add(engine.world,[steamgenerator,
                            steamgeneratorONrect1,
                            steamgeneratorONrect2,
                            steamgeneratorONrect3]);
```

Aggiungiamo ora un altro elemento fondamentale per il nostro gameplay, l'uscita dal livello.

```
// aggiungo uscita dal livello
var exit = Bodies.rectangle(984, 744, 96, 48,
{
  isStatic: true,
  isSensor: true,
  render: {
      sprite: {
          texture: exitSprite
      }
    }
});

// aggiungiamo l'uscita al mondo fisico
Composite.add(engine.world,[exit]);
```

Il codice sopra aggiunge un'uscita dal livello al tuo ambiente di gioco. Viene creato un rettangolo con larghezza 96 e altezza 48 posizionato alle coordinate (984, 744). Le proprietà `isStatic` e `isSensor` sono impostate su `true`, il che significa che l'uscita è statica (non si muove) e agisce come un sensore senza influire sulle collisioni fisiche. Viene inoltre definita la sprite dell'uscita utilizzando l'immagine `exitSprite`. Infine, l'uscita viene aggiunta al mondo fisico tramite la funzione `Composite.add`.

Che ci fanno un computer di controllo e un'uscita dentro una caverna di una giungla remota?

Sicuramente ci sono ancora molte sorprese e avventure da scoprire all'interno di questa misteriosa caverna. Continuando a esplorare, avrai modo di capire il ruolo del computer di controllo e l'importanza dell'uscita. Tieniti pronto per emozionanti scoperte e sfide nel tuo percorso!

```
// rocce
// Array per memorizzare le rocce presenti nel mondo fisico
var rocks = [];
addRandomRocks(3)

// liana
addVine(400, 98, 5, 1)
addVine(800, 64, 7, 1)
```

Il codice sopra aggiunge elementi di roccia e liane al mondo del gioco:

1. `addRandomRocks(3)`: Aggiunge 3 rocce in posizioni casuali all'interno della caverna.

2. `addVine(400, 98, 5, 1)`: Aggiunge una liana con 5 sezioni partendo dalle coordinate (400, 98). Non è un elemento aggressivo.

3. `addVine(800, 64, 7, 1)`: Aggiunge una liana con 7 sezioni partendo dalle coordinate (800, 64). Non è un elemento aggressivo.

```
// liana cattiva
var evilVine = addVine(700, 500, 4, 1)
// Cambio la sprite dell'ultimo pezzo di liana in una punta velenosa
evilVine.render.sprite.texture = vineHeadSprite;
// Aggiungo un nuovo corpo circolare rosso sulla punta della liana
// per quando ha individuato il player
const evilVineHead = Bodies.circle(evilVine.position.x, evilVine.position.y, 16, {
  isStatic: true,
  isSensor: true,
  render: {
    visible: false, // non visibile inizialmente
    fillStyle: 'green',
    opacity: 0.7 // Imposta l'opacità al 50% (trasparente)
  }
});

Composite.add(engine.world, evilVineHead);
```

Qui la cosa si fa interessante. Abbiamo definito una nuova liana, ma questa volta la impostiamo come aggressiva! Quindi cambiamo la sprite del suo ultimo pezzo finale, e definiamo un cerchio di colore verde che indicherà il fatto che questa liana è riuscita ad individuare il player.

Affinché la cosa abbia senso, aggiungiamo un po' di logica di gameplay,

```javascript
// Inizialmente il raggio è 0
let radius = 0;
function updateEvilVine()
{
  // Calcolo la distanza tra il player e l'ultimo pezzo della liana
  const distance = distanceBetween(player.position, evilVine.position);

  evilVineHead.position = evilVine.position

  if (distance < 80)
  {
    playerVineConstraint = Constraint.create({
      bodyA: evilVine,
      bodyB: player,
      length: 0, // La lunghezza verrà calcolata dinamicamente
      stiffness: 1 // Stiffness controlla la tensione del constraint
    });

    Composite.add(engine.world, [playerVineConstraint])

    evilVineHead.render.fillStyle = 'red'

    // il giocatore ha perso
    gameOver = true

    // Aggiorno la lunghezza del constraint tra l'ultimo pezzo e il player
    playerVineConstraint.length = 0.1;
  }
  else if (distance > 80 && distance < 140)
  {
    evilVineHead.render.visible = true
  }
  else
  {
    evilVineHead.render.visible = false
  }
}
```

Questi elementi contribuiscono a creare un ambiente più realistico e avventuroso all'interno della caverna.

```
// impostiamo sprite cosmetiche interne al poligono del soffitto
addInternalCosmeticSprites(polygonCeiling.vertices, 30, dirtSprite, 0, -20)
addInternalCosmeticSprites(polygonCeiling.vertices, 30, internalGrassSprite, 0, -20)

// impostiamo sprite cosmetiche interne al poligono della Base
addInternalCosmeticSprites(polygonBase.vertices, 100, internalGrassSprite)

// impostiamo sprite cosmetiche interne al poligono del pavimento
addInternalCosmeticSprites(polygonFlooring.vertices, 300, internalGrassSprite)

// impostiamo sprite cosmetiche interne al poligono del muro sinistro
addInternalCosmeticSprites(polyWallL.vertices, 80, dirtSprite, -60)
addInternalCosmeticSprites(polyWallL.vertices, 80, internalGrassSprite, -60)

// impostiamo sprite cosmetiche interne al poligono del muri destro
addInternalCosmeticSprites(polyWallR.vertices, 100, dirtSprite, 40)
addInternalCosmeticSprites(polyWallR.vertices, 100, internalGrassSprite, 40)
```

1. `addInternalCosmeticSprites(polygonCeiling.vertices, 30, dirtSprite, 0, -20)`: Aggiunge 30 sprite di terra all'interno del poligono del soffitto. Le sprite sono posizionate leggermente al di sotto del soffitto.

2. `addInternalCosmeticSprites(polygonCeiling.vertices, 30, internalGrassSprite, 0, -20)`: Aggiunge 30 sprite di erba interna al poligono del soffitto. Le sprite sono posizionate leggermente al di sotto del soffitto.

3. `addInternalCosmeticSprites(polygonBase.vertices, 100, internalGrassSprite)`: Aggiunge 100 sprite di erba interna al poligono della base.

4. `addInternalCosmeticSprites(polygonFlooring.vertices, 300, internalGrassSprite)`: Aggiunge 300 sprite di erba interna al poligono del pavimento.

5. `addInternalCosmeticSprites(polyWallL.vertices, 80, dirtSprite, -60)`: Aggiunge 80 sprite di terra interne al poligono del muro sinistro. Le sprite sono posizionate leggermente a sinistra del muro.

6. `addInternalCosmeticSprites(polyWallL.vertices, 80, internalGrassSprite, -60)`: Aggiunge 80 sprite di erba interne al poligono del muro sinistro. Le sprite sono posizionate leggermente a sinistra del muro.

7. `addInternalCosmeticSprites(polyWallR.vertices, 100, dirtSprite, 40)`: Aggiunge 100 sprite di terra interne al poligono del muro destro. Le sprite sono posizionate leggermente a destra del muro.

8. `addInternalCosmeticSprites(polyWallR.vertices, 100, internalGrassSprite, 40)`: Aggiunge 100 sprite di erba interne al poligono del muro destro. Le sprite sono posizionate leggermente a destra del muro.

```
// aggiungiamo bordo rocce sul poligono del soffitto
addCosmeticBorder(polygonCeiling.vertices, internalDirtSprite)

// aggiungiamo bordo di erba sul poligono della Base di partenza
addCosmeticBorder(polygonBase.vertices, grassSprite)

// aggiungiamo bordo di erba sul poligono del pavimento
addCosmeticBorder(polygonFlooring.vertices, grassSprite)
```

1. `addCosmeticBorder(polygonCeiling.vertices, internalDirtSprite)`: Aggiunge un bordo di sprite di terra al poligono del soffitto.

2. `addCosmeticBorder(polygonBase.vertices, grassSprite)`: Aggiunge un bordo di sprite di erba al poligono della base di partenza.

3. `addCosmeticBorder(polygonFlooring.vertices, grassSprite)`: Aggiunge un bordo di sprite di erba al poligono del pavimento.

Questi bordi di sprite cosmetiche contribuiscono a definire visivamente i contorni dei poligoni, creando un effetto di transizione più naturale tra le diverse superfici dell'ambiente di gioco.

Finalmente è venuto il momento di accendere il motore e godersi lo spettacolo!

```
// Avvia il renderer
Render.run(render);

// Crea il runner
var runner = Runner.create();

// Avvia il motore
Runner.run(runner, engine);
```

Il codice sopra avvia la simulazione del motore fisico e il rendering del mondo fisico sul canvas.

1. La funzione `Render.run(render)` avvia il rendering sul canvas, permettendo di visualizzare gli oggetti fisici nel mondo.

2. Viene creato un oggetto runner utilizzando `Runner.create()`, che gestisce l'esecuzione degli aggiornamenti del motore.

3. `Runner.run(runner, engine)` avvia l'esecuzione del motore utilizzando il runner creato, permettendo al motore di calcolare le simulazioni fisiche e aggiornare lo stato dei corpi nel mondo.

Il Runner è un componente di Matter.js che gestisce l'esecuzione del motore di simulazione. La sua funzione principale è quella di coordinare e controllare il ciclo di aggiornamento del motore.

Quando viene chiamato `Runner.run(runner, engine)`, il Runner inizia ad eseguire il motore. Durante ogni ciclo di aggiornamento, il Runner calcola e applica le forze fisiche ai corpi nel mondo, gestisce le collisioni e le interazioni tra i corpi, e aggiorna le loro posizioni e orientamenti in base alle forze applicate.

Il Runner tiene traccia del tempo trascorso tra ogni aggiornamento e regola la simulazione per mantenere una velocità costante, indipendentemente dalle differenze di potenza di calcolo dei dispositivi.

Il Runner può essere configurato per eseguire l'aggiornamento a una determinata velocità (ad esempio, 60 volte al secondo) o in base al frame rate del browser. Inoltre, il Runner offre la possibilità di aggiungere callback per gestire eventi specifici, come la fine della simulazione o l'aggiornamento del rendering.

In sintesi, il Runner è responsabile di orchestrare l'esecuzione del motore di simulazione in modo da garantire un'esperienza fluida e realistica per la simulazione fisica nel gioco.

Sei pronto a vedere cosa sei riuscito a creare con il codice che hai scritto finora? Hai lavorato duramente per definire l'ambientazione, creare i poligoni, aggiungere sprite e oggetti interattivi. Ora è giunto il momento di vedere il tuo mondo prendere vita!

Per provare il frutto del tuo lavoro, non ti resta che eseguire il codice. Vai nella cartella dove hai salvato i file del progetto. Cerca il file "platform.html" e aprilo nel tuo browser preferito. Vedrai apparire la tua creazione sullo schermo, con i poligoni che definiscono le caverne, le rocce disseminate nel paesaggio, le liane che si intrecciano e gli effetti particellari dell'acqua che aggiungono movimento e vita.

Esplora il tuo mondo virtuale con lo sguardo, osserva le interazioni con gli oggetti che hai creato. Ammira la bellezza degli ambienti, goditi l'atmosfera che hai ricreato e lasciati sorprendere dalle dinamiche fisiche che rendono il tuo mondo così realistico.

Ora è il momento di mettere alla prova il tuo lavoro e divertirti con la tua creazione. Sii curioso, esplora, scopri nuovi dettagli e fai delle modifiche per rendere l'esperienza ancora più coinvolgente. Il potere di creare un mondo virtuale è nelle tue mani, quindi goditi questa avventura e lasciati stupire da ciò che hai realizzato!

Creazione di Personaggi e Nemici: Concetti di Animazione

Una delle componenti più essenziali e coinvolgenti di un videogioco è la presenza di personaggi e nemici animati. Questi elementi danno vita al tuo mondo virtuale, rendendolo dinamico e pieno di azione. Nella creazione di personaggi e nemici, è importante comprendere i concetti di animazione per trasformare semplici sprite statici in entità che si muovono, attaccano e interagiscono con l'ambiente circostante.

Per animare i personaggi e i nemici, è necessario utilizzare una serie di immagini o "frames" che rappresentano le diverse pose e azioni che il personaggio può compiere. Questi frames vengono riprodotti in sequenza a una velocità specifica per creare l'illusione del movimento. Puoi definire animazioni per le camminate, gli attacchi, i salti e molte altre azioni che il tuo personaggio o nemico potrebbero eseguire.

Per gestire le animazioni, puoi utilizzare librerie o framework specifici, così come Sprite Sheets o animazioni CSS. Questi strumenti semplificano la gestione dei frames e la creazione di transizioni fluide tra le diverse pose. Puoi anche utilizzare algoritmi di interpolazione per creare animazioni più realistiche, aggiungendo fluidità e naturalezza ai movimenti dei personaggi.

Inoltre, è possibile implementare logiche di gioco per far sì che i personaggi e i nemici rispondano alle azioni del giocatore o seguano pattern di movimento predefiniti. Puoi creare meccaniche di combattimento, movimenti intelligenti o comportamenti reattivi che rendono l'interazione con i personaggi e i nemici più coinvolgente e sfidante.

La creazione di personaggi e nemici animati richiede pazienza, creatività e competenze tecniche. Tuttavia, una volta padroneggiati i concetti di animazione e implementati nel tuo gioco, potrai dare vita a personaggi vivaci e nemici formidabili, creando un'esperienza di gioco emozionante per te e per i giocatori.

A titolo di esempio, ecco una lista di framework e/o librerie specializzate per la gestione delle animazioni:

- PixiJS: Una libreria leggera per la creazione di grafica interattiva e animazioni, con supporto per animazione a sprite e effetti visivi.

- Spine: Un framework di animazione 2D che supporta l'animazione a sprite e il rigging scheletrico per personaggi e oggetti.

- Spine2D: Un framework di animazione 2D basato sul rigging scheletrico per gestire animazioni complesse.

- Lottie: Una libreria di animazione che permette di utilizzare animazioni create con Adobe After Effects in formato JSON.

Queste soluzioni offrono una varietà di funzionalità e opzioni per la gestione delle animazioni, e la scelta dipende dalle specifiche esigenze del progetto e dalle tue preferenze dello sviluppatore.

Primo passo: il player.

Definiamo alcune costanti che ci serviranno in seguito:

```
const playerSprite = 'sprites/player1.png'

const playerWidth = 24
const playerHeight = 24
const numParticlesJumpPlayer = 10
const amountJumpPlayer = 6
const amountMovXPlayer = 5
const amountMovYPlayer = 1
```

Il codice fornito descrive alcune variabili che sono utilizzate per definire il comportamento e l'aspetto del personaggio:

- `playerSprite`: Questa variabile contiene il percorso del file dell'immagine sprite che rappresenta il personaggio giocatore. Nell'esempio fornito, il percorso del file è 'sprites/player1.png'.

- `playerWidth` e `playerHeight`: Queste variabili definiscono la larghezza e l'altezza del personaggio giocatore, rispettivamente. Nel caso specifico, la larghezza è impostata su 24 e l'altezza su 24 pixel. Queste dimensioni si riferiscono alle dimensioni del singolo frame all'interno dello sprite sheet.

- `numParticlesJumpPlayer`: Questa variabile specifica il numero di particelle che vengono generate durante un'animazione di salto del personaggio giocatore. Può essere utilizzata per aggiungere effetti visivi durante il salto. Nel caso specifico, il valore è impostato su 10.

- `amountJumpPlayer`: Questa variabile determina l'altezza del salto del personaggio giocatore. Indica di quanti pixel il personaggio si sposterà verso l'alto durante un salto. Un valore più alto corrisponderà a un salto più alto. Nel caso specifico, il valore è impostato su 6 pixel.

- `amountMovXPlayer` e `amountMovYPlayer`: Queste variabili specificano la quantità di spostamento del personaggio giocatore lungo gli assi X e Y durante il movimento. Indicano di quanti pixel il personaggio si sposterà in orizzontale (asse X) e in verticale (asse Y) quando viene eseguito un movimento. Nel caso specifico, `amountMovXPlayer` è impostato su 5 pixel e `amountMovYPlayer` è impostato su 1 pixel.

```
// definisco il player
var player = Bodies.circle(540, 340, playerWidth*0.4, {
  isStatic: false,
  friction: 10,
  render: {
    visible: false,
    sprite: {
      texture: '',
      xScale: 1,
      yScale: 1,
    },
  },
});

// aggiungo il player al mondo fisico
Composite.add(engine.world,[player]);
```

Riprendendo il concetto espresso prima, nel contesto del game development, uno sprite sheet è un'immagine che contiene una serie di frame o immagini singole che rappresentano le diverse pose o stati di un personaggio o oggetto all'interno di un gioco. La sprite sheet è solitamente organizzata in una griglia, in cui ogni cella della griglia contiene un frame diverso. Questo approccio permette di ottimizzare l'uso delle risorse, poiché invece di caricare e disegnare singolarmente ogni frame, è possibile caricare l'intera sprite sheet e selezionare i frame necessari per animare il personaggio o l'oggetto.

L'animation sprite, o animazione sprite, è il processo di riproduzione di una sequenza di frame dalla sprite sheet in rapida successione per creare l'illusione di movimento. La sequenza di frame viene visualizzata ad una velocità costante, solitamente misurata in frame per secondo (FPS), per ottenere un'animazione fluida. L'animazione sprite può coinvolgere movimenti, azioni, trasformazioni o cambiamenti di aspetto del personaggio o oggetto nel gioco.

```javascript
// definisco sprite sheet del player
let playerFrameNumber = 0;

const playerImage = new Image();
playerImage.onload = function()
{
  function rerender()
  {
    const offset = (~~playerFrameNumber * playerWidth) % playerImage.width;
    const { x, y } = player.position;

    // Imposto la scala X negativa se il player è orientato verso sinistra
    const xScale = playerDirection === "left" ? -1 : 1

    // Calcolo la coordinata di disegno X tenendo conto
    // della direzione e della larghezza della sprite
    const drawX = playerDirection === "left" ?
                                    (x + playerWidth / 2) * xScale :
                                    (x - playerWidth / 2) * xScale
    const drawY = y - playerHeight / 2 - 4
```

Di seguito viene fornita una spiegazione delle diverse sezioni del codice:

- Viene dichiarata una variabile `playerFrameNumber` che rappresenta il numero del frame corrente del personaggio giocatore. Inizialmente, il valore è impostato su 0.
- Viene creato un oggetto `playerImage` di tipo `Image()`, che rappresenta l'immagine della sprite sheet del personaggio giocatore. Viene definita una funzione `onload` che verrà eseguita quando l'immagine viene caricata con successo.

- All'interno della funzione `rerender()`, vengono eseguite le operazioni di rendering del personaggio giocatore.

- Viene calcolato l'offset, cioè la posizione orizzontale del frame corrente nella sprite sheet, in base al numero di frame (`playerFrameNumber`) e alla larghezza del frame (`playerWidth`). Questo calcolo tiene conto dell'eventuale "avvolgimento" della sprite sheet, cioè quando il numero di frame supera il numero di colonne nella sprite sheet.

- Vengono ottenute le coordinate (`x` e `y`) del personaggio giocatore nel gioco.

- Viene impostata la scala `xScale` in base alla direzione in cui il personaggio è orientato. Se il personaggio è orientato verso sinistra, la scala è impostata su -1 per ottenere un'immagine riflesso.

- Viene calcolata la coordinata di disegno `drawX` tenendo conto della direzione e della larghezza della sprite. La coordinata `drawY` rappresenta l'altezza a cui disegnare il personaggio.

```
ctx.save()
```

- Viene salvato il contesto di disegno (`ctx.save()`) per applicare le trasformazioni successive.

```
// Disegno la sprite del player con la trasformazione
ctx.scale(xScale, 1)
ctx.drawImage(
  playerImage,
  offset,
  0,
  playerWidth,
  playerHeight,
  drawX,
  drawY,
  playerWidth,
  playerHeight
);
```

- Viene applicata la trasformazione di scala `xScale` al contesto di disegno (`ctx.scale(xScale, 1)`) per ottenere l'effetto di immagine riflesso.

- Viene disegnato il frame corrente del personaggio giocatore utilizzando il metodo `drawImage()`. Vengono specificate le coordinate del frame nella sprite sheet, le dimensioni del frame e le coordinate di disegno nel contesto di disegno.

```
ctx.restore()

playerFrameNumber += 0.1
```

- Viene ripristinato il contesto di disegno (`ctx.restore()`) per annullare le trasformazioni applicate precedentemente.

- Viene incrementato il `playerFrameNumber` di un valore costante (0.1 nel caso specifico) per passare al successivo frame della sprite sheet.

```
    requestAnimationFrame(rerender)
  }

  rerender()
};
playerImage.src = playerSprite
```

- Viene richiesto il prossimo frame di rendering utilizzando `requestAnimationFrame(rerender)`, che crea un ciclo di rendering continuo per l'animazione.

Complessivamente, questo codice si occupa di caricare l'immagine della sprite sheet del personaggio giocatore, calcolare le posizioni e le trasformazioni necessarie per il rendering corretto del personaggio e gestire l'animazione continua attraverso l'incremento del `playerFrameNumber` e il ripetuto rendering dei frame.

Al codice relativo al player dobbiamo aggiungere alcune informazioni. Lo faremo successivamente perché dobbiamo prima definire alcune scelte di design sul gameplay. Per il momento procediamo con la definizione di un nemico.

```
// definisco il nemico
var vertices = Vertices.fromPath(PATHS.enemy)
var enemy = Bodies.fromVertices(260, 650, vertices, {
  isStatic: false,
  friction: 1,
  render: {
    visible: false,
    sprite: {
      texture: '',
      xScale: 1,
      yScale: 1,
    },
  },
});

// aggiungo il nemico al mondo fisico
Composite.add(engine.world,[enemy]);
```

- Viene creato un oggetto `vertices` utilizzando il metodo `fromPath` del modulo `Vertices`. Questo oggetto rappresenta i vertici del nemico e viene creato a partire da un percorso predefinito (`PATHS.enemy`).

- Viene creato l'oggetto `enemy` utilizzando il metodo `fromVertices` del modulo `Bodies`. Questo oggetto rappresenta il corpo fisico del nemico nel mondo del gioco. Vengono specificate la posizione iniziale del nemico (260, 650), le proprietà come `isStatic` (falso, il nemico non è statico) e `friction` (1), e le impostazioni di rendering come la visibilità (`visible: false`) e la sprite (vuota).

- Il nemico viene aggiunto al mondo fisico utilizzando il metodo `add` del modulo `Composite`.

```
// definisco sprite sheet del nemico
var enemyFrameNumber = 0;
// definisco la riga corrente dello sprite dell'enemy
var enemyRowNumber = 0
// definisco la velocità di animazione dello sprite sheet
var enemyAnimationSpeed = 0.1
```

- Viene dichiarata la variabile `enemyFrameNumber` per tenere traccia del numero del frame corrente della sprite sheet del nemico. Inizialmente, il valore è impostato su 0.

- Viene dichiarata la variabile `enemyRowNumber` per tenere traccia della riga corrente della sprite sheet del nemico. Inizialmente, il valore è impostato su 0.

- Viene dichiarata la variabile `enemyAnimationSpeed` per rappresentare la velocità di animazione della sprite sheet del nemico. Inizialmente, il valore è impostato su 0.1.

```
const enemyImage = new Image();
enemyImage.onload = function()
{
```

- Viene creato un oggetto `enemyImage` di tipo `Image()`, che rappresenta l'immagine della sprite sheet del nemico. Viene definita una funzione `onload` che verrà eseguita quando l'immagine viene caricata con successo.

```
function rerender()
{
  const offset = (~~enemyFrameNumber * enemyWidth) % enemyImage.width;
  const { x, y } = enemy.position;

  // Imposta la scala X negativa se il nemico è orientato verso sinistra
  const xScale = enemyDirection === "left" ? -1 : 1;

  // Calcola la coordinata di disegno X tenendo conto della direzione
  // e della larghezza della sprite
  const drawX = enemyDirection === "left" ?
                                              (x + enemyWidth / 2) * xScale :
                                              (x - enemyWidth / 2) * xScale;
  // Calcola la coordinata di disegno Y tenendo conto della riga corrente
  // e dell'altezza del frame
  const drawY = y - enemyHeight / 2 - 12;
```

- All'interno della funzione `rerender()`, vengono eseguite le operazioni di rendering del nemico.

- Viene calcolato l'offset, cioè la posizione orizzontale del frame corrente nella sprite sheet, in base al numero di frame (`enemyFrameNumber`) e alla larghezza del frame (`enemyWidth`). Questo calcolo tiene conto dell'eventuale "avvolgimento" della sprite sheet, cioè quando il numero di frame supera il numero di colonne nella sprite sheet.

- Vengono ottenute le coordinate (`x` e `y`) del nemico nel gioco.

- Viene impostata la scala `xScale` in base alla direzione in cui il nemico è orientato. Se il nemico è orientato verso sinistra, la scala è impostata su -1 per ottenere un'immagine riflesso.

- Viene calcolata la coordinata di disegno `drawX` tenendo conto della direzione e della larghezza della sprite. La coordinata `drawY` rappresenta l'altezza a cui disegnare il nemico.

```
    // Disegna la sprite del nemico con la trasformazione
    ctx.save();
    ctx.scale(xScale, 1);
    ctx.drawImage(
      enemyImage,
      offset,
      enemyRowNumber,
      enemyWidth,
      enemyHeight,
      drawX,
      drawY,
      enemyWidth,
      enemyHeight
    );
    ctx.restore();

    // se enemy è idle allora rallento l'animazione dello sprite sheet
    if (enemyRowNumber === enemyHeight) enemyAnimationSpeed = 0.03
    enemyFrameNumber += enemyAnimationSpeed;

    requestAnimationFrame(rerender);
  }

  rerender();
};
enemyImage.src = enemySprite;
```

- Viene salvato il contesto di disegno (`ctx.save()`) per applicare le trasformazioni successive.

- Viene disegnato il frame corrente del nemico utilizzando il metodo `drawImage()`. Vengono specificate le coordinate del frame nella sprite sheet, le dimensioni del frame e le coordinate di disegno nel contesto di disegno.

- Viene ripristinato il contesto di disegno (`ctx.restore()`) per annullare le trasformazioni applicate precedentemente.

- Se la variabile `enemyRowNumber` è uguale all'altezza del frame del nemico, viene ridotta la velocità di animazione (`enemyAnimationSpeed`) per rallentare l'animazione. Questo può indicare che il nemico è in uno stato di riposo.

- Viene incrementato il `enemyFrameNumber` con la velocità di animazione.

- Viene richiesto il prossimo frame di rendering utilizzando `requestAnimationFrame(rerender)`, creando un ciclo di rendering continuo per l'animazione del nemico.

Infine, viene richiamata la funzione che una volta richiamata permette di far muovere un oggetto in maniera autonoma:

```
// movimento autonomo del nemico
updateEnemy();
```

Vediamo la definizione di questa funzione nella prossima pagina.

```javascript
// Aggiorna la posizione del nemico
function updateEnemy() {
  // Chiamata alla funzione per aggiornare la posizione del nemico
  updateEnemyPosition();

  // Rileva la collisione tra enemy e exit
  const collEnemy = Matter.Query.collides(enemy, [exit]);

  // Verifica la direzione corrente dell'enemy
  if (enemyDirection === 'right') {
    if (collEnemy.length > 0) {
      // L'enemy sta andando a destra e collide con l'exit
      // Cambia direzione e vai a sinistra
      enemyDirection = 'left';
    }
  } else if (enemyDirection === 'left') {
    if (enemy.position.x < 300) {
      // L'enemy sta andando a sinistra e la sua posizione x è minore di 300
      // Cambia direzione e vai a destra
      enemyDirection = 'right';

      // Rendi l'enemy statico per 5 secondi
      Body.setStatic(enemy, true);
      // Incrementa il numero della riga dello sprite dell'enemy
      enemyRowNumber = enemyHeight
      setTimeout(() =>
      {
        // Rimuovi la staticità dell'enemy dopo 5 secondi
        Body.setStatic(enemy, false);
        // Decrementa il numero della riga dello sprite dell'enemy
        enemyRowNumber = 0
      }, 5000);

    }
  }

  // Richiedi una nuova iterazione del ciclo di aggiornamento
  requestAnimationFrame(updateEnemy);
}
```

Di seguito viene spiegata la logica del codice:

- La funzione `updateEnemyPosition()` viene chiamata per aggiornare la posizione del nemico. Questa funzione contiene la logica per il movimento del nemico in base alle regole specifiche del gioco.

- Viene utilizzata la funzione `Matter.Query.collides()` per rilevare la collisione tra il nemico (`enemy`) e l'uscita (`exit`). Il risultato viene assegnato alla variabile `collEnemy`.

- Viene verificata la direzione corrente del nemico (`enemyDirection`). Se il nemico sta andando verso destra e si verifica una collisione con l'uscita, la direzione viene cambiata in "sinistra" (`enemyDirection = 'left'`).

- Altrimenti, se il nemico sta andando verso sinistra e la sua posizione `x` è minore di 300, la direzione viene cambiata in "destra" (`enemyDirection = 'right'`). Inoltre, viene impostata la staticità del nemico utilizzando `Body.setStatic(enemy, true)` per renderlo immobile per 5 secondi. Viene anche incrementato il numero della riga della sprite dell'enemy (`enemyRowNumber = enemyHeight`) per rappresentare un'animazione specifica durante il periodo di staticità. Dopo 5 secondi, viene rimossa la staticità del nemico (`Body.setStatic(enemy, false)`) e il numero della riga della sprite viene ripristinato a 0 (`enemyRowNumber = 0`).

- Infine, viene richiesto il prossimo frame di aggiornamento utilizzando `requestAnimationFrame(updateEnemy)`, creando un ciclo continuo per l'aggiornamento del nemico nel gioco.

In sintesi, questa funzione gestisce il movimento e il comportamento del nemico nel gioco, inclusa la gestione delle collisioni con l'uscita, il cambio di direzione e il periodo di staticità del nemico.

Vediamo allora che cosa contiene il codice della funzione seguente:

```
// Chiamata alla funzione per aggiornare la posizione del nemico
updateEnemyPosition();
```

```
// Funzione per aggiornare la posizione del nemico
function updateEnemyPosition()
{
  // Verifica la direzione del nemico e applica la forza laterale corrispondente
  if (enemyDirection === 'left') {
    Body.applyForce(enemy, enemy.position, { x: -movementForce, y: 0 });
  } else if (enemyDirection === 'right') {
    Body.applyForce(enemy, enemy.position, { x: movementForce, y: 0 });
  }

  // Limita la velocità laterale  del nemico per evitare
  // che raggiunga una velocità eccessiva
  const maxVelocityX = 5; // Velocità laterale massima consentita
  const velocity = enemy.velocity;
  if (velocity.x > maxVelocityX) {
    Body.setVelocity(enemy, { x: maxVelocityX, y: velocity.y });
  } else if (velocity.x < -maxVelocityX) {
    Body.setVelocity(enemy, { x: -maxVelocityX, y: velocity.y });
  }
}
```

- La funzione verifica la direzione corrente del nemico (`enemyDirection`). Se la direzione è "sinistra" (`left`), viene applicata una forza laterale negativa (`x: -movementForce`) al nemico utilizzando `Body.applyForce()`. Questo spingerà il nemico verso sinistra. Altrimenti, se la direzione è "destra" (`right`), viene applicata una forza laterale positiva (`x: movementForce`) per far avanzare il nemico verso destra.

- Dopo l'applicazione della forza, viene impostata una velocità massima laterale consentita per il nemico. La variabile `maxVelocityX` rappresenta la velocità massima consentita per il movimento laterale. Viene quindi verificata la velocità attuale del nemico (`enemy.velocity.x`) rispetto alla velocità massima consentita.

- Se la velocità laterale del nemico supera la velocità massima consentita (`velocity.x > maxVelocityX`), viene impostata la velocità laterale a `maxVelocityX` utilizzando `Body.setVelocity()`. Questo evita che il nemico raggiunga una velocità eccessiva verso destra.

- Altrimenti, se la velocità laterale del nemico è inferiore alla velocità massima consentita verso sinistra (`velocity.x < -maxVelocityX`), viene impostata la velocità laterale a `-maxVelocityX` per evitare una velocità eccessiva verso sinistra.

- In sintesi, questa funzione applica una forza laterale al nemico in base alla sua direzione corrente e limita la velocità laterale del nemico per evitare che raggiunga una velocità eccessiva. Ciò contribuisce a controllare il movimento fluido e bilanciato del nemico nel gioco.

Per completare questo paragrafo di definizione di player, nemici e oggetti, occorre introdurre un ultimo elemento, protagonista del gameplay: uno switch!

L'idea di base è che il computer di controllo trovato nel bel mezzo di una giungla serve ad attivare alcuni interruttori che daranno corrente e luminosità all'interno della caverna in cui ci troveremo ad esplorare.

```
// definisco il poligono per un effetto switch acceso
const switcONcircle = Bodies.circle(centerX-180, 350, 12, {
    isStatic: true,
    isSensor: true,
    render: {
        visible: false,
        fillStyle: "rgba(255, 255, 255, 0.5)"
    }
});
// definisco lo switch
const switch1 = Bodies.rectangle(centerX-180, 360, 16, 32,
    {
        isStatic: true,
        isSensor: true,
        render: {
            sprite: {
                texture: switchSprite
            }
        }
    }
});

// aggiungo lo switch al mondo fisico
Composite.add(engine.world,[switcONcircle,switch1]);
```

Per semplicità, il nostro gameplay includerà un solo switch.

Implementazione di un effetto "fog of war"

A questo punto non ci resta che definire gli ultimi dettagli, prima di poter introdurre il concetto di movimento e vedere il nostro ambiente prendere vita.

L'implementazione di un effetto "fog of war" è un elemento chiave per creare un'atmosfera avvincente e misteriosa nel gioco. Questo effetto simula l'incertezza e la limitata visibilità dei giocatori all'interno dell'ambiente di gioco, rendendo l'esplorazione più intrigante e tattica.

Per realizzare l'effetto "fog of war", vengono utilizzate diverse tecniche. Una delle soluzioni più comuni è l'utilizzo di una mappa di copertura, che tiene traccia delle aree esplorate e visibili dai giocatori. Inizialmente, l'intera mappa è coperta dal "fog", rappresentando l'area non ancora esplorata. Man mano che il giocatore esplora il mondo di gioco vengono rivelate nuove porzioni della mappa, permettendo al giocatore di vedere l'ambiente circostante.

Questo effetto può essere implementato utilizzando diverse strategie. Ad esempio, è possibile utilizzare un'immagine trasparente sovrapposta alla scena di gioco e regolare la sua opacità in base all'area esplorata. In questo modo, le aree non ancora scoperte appariranno più scure o completamente coperte dal "fog".

Un'altra soluzione consiste nell'utilizzare algoritmi di visione basati su raggi o celle per determinare quali parti della mappa sono visibili dal personaggio del giocatore. Questi algoritmi simulano la propagazione della luce o il campo visivo del personaggio, consentendo una visibilità limitata e creando una sensazione di suspense e scoperta durante l'esplorazione.

L'effetto "fog of war" può essere ulteriormente migliorato aggiungendo elementi come effetti sonori, animazioni o indicatori visivi per evidenziare l'area appena scoperta. Questo contribuisce a creare un'esperienza di gioco coinvolgente e gratificante per i giocatori.

L'implementazione di un effetto "fog of war" richiede un'attenta pianificazione e programmazione, ma i risultati possono essere straordinari. Aggiungendo questo elemento al tuo gioco, potrai creare un'atmosfera avvincente e intraprendente, invitando i giocatori a esplorare e scoprire il mondo che hai creato.

Come prima cosa, definiamo una variabile che ci permetterà di gestire una torcia usata dal player.

```
var flashlightOn = true
```

Poi definiamo la dimensione del campo visivo del player:

```
const visionRadius = 100
```

Poi modifichiamo il codice del player visto in precedenza, nel modo seguente:

```
if (flashlightOn && !switch1IsOn)
{
  // Disegno la maschera circolare intorno al player
  ctx.fillStyle = "rgba(0, 0, 0, 0.7)"
  ctx.beginPath()
  ctx.arc(player.position.x, player.position.y, visionRadius, 0, 2 * Math.PI)
  ctx.rect(0, 0, map.width, map.height)
  ctx.closePath()
  ctx.fill("evenodd")
}

// se il player è stato catturato da una liana
if (gameOver) showGameOver()

// se ho acceso computer e switch allora posso uscire dal livello
if (levelComplete) showLevelComplete()
```

- Se la "flashlight" (torcia) è accesa e lo switch 1 è spento, viene disegnata una maschera circolare intorno al personaggio. La maschera viene disegnata con un colore di riempimento semi-trasparente.

- `ctx.fillStyle = "rgba(0, 0, 0, 0.7)"`: Imposta il colore di riempimento del contesto di rendering su un nero semi-trasparente con un'opacità del 70%. Questo determinerà il colore della maschera circolare.

- `ctx.beginPath()`: Inizia un nuovo percorso di disegno.

- `ctx.arc(player.position.x, player.position.y, visionRadius, 0, 2 * Math.PI)`: Disegna un arco circolare con centro alle coordinate (player.position.x, player.position.y), un raggio pari a visionRadius e angolo di inizio e fine pari a 0 e 2 * Math.PI (che corrispondono a un cerchio completo).

- `ctx.rect(0, 0, map.width, map.height)`: Aggiunge un rettangolo con angolo iniziale (0, 0) e dimensioni pari alla larghezza e altezza della mappa. Questo rettangolo rappresenta l'intera area di gioco e serve a coprire eventuali aree esterne al cerchio di visibilità.

5. `ctx.closePath()`: Chiude il percorso di disegno corrente.

6. `ctx.fill("evenodd")`: Riempie il percorso di disegno con il colore di riempimento impostato in precedenza, utilizzando la regola di riempimento "evenodd" per definire l'area da colorare in base all'intersezione tra il cerchio e il rettangolo.

In alternativa, è possibile utilizzare la regola di riempimento predefinita "nonzero" ("nonzero") che determina l'area interna in base al numero di attraversamenti del percorso di disegno. La regola "evenodd" è particolarmente utile quando si hanno percorso di disegno sovrapposti o complessi, ma entrambe le regole possono essere utilizzate a seconda delle esigenze specifiche del tuo progetto.

In sostanza, questo codice crea una maschera circolare intorno al personaggio del giocatore, coprendo tutte le aree al di fuori di questo cerchio con un colore nero semi-trasparente. Ciò limita la visibilità del giocatore alle sole aree all'interno del cerchio, creando un effetto di visibilità limitata o "fog of war".

Introduciamo anche due nuove funzioni che permettono di controllare la condizione di GameOver e di LevelComplete e scrivere un messaggio adeguato al caso.

- Se il gioco è terminato (`gameOver`), viene visualizzato un messaggio di "game over" utilizzando la funzione `showGameOver()`.

- Se il livello è completato (`levelComplete`), viene visualizzato un messaggio di "livello completato" utilizzando la funzione `showLevelComplete()`.

```
function showGameOver()
{
  // Colore del testo
  ctx.fillStyle = '#FFFFFF'
  // Dimensione e tipo di font
  ctx.font = '96px Arial'

  // Posizionamento del testo al centro dello schermo
  const textWidth = ctx.measureText('GAME OVER!').width;
  const textX = canvas.width / 2 - textWidth / 2;
  const textY = canvas.height / 2;

  ctx.fillText('GAME OVER!', textX, textY);

  ctx.font = '48px Arial'
  const textActionWidth = ctx.measureText('press F5 to refresh').width;
  const textActionX = canvas.width / 2 - textActionWidth / 2;
  const textActionY = canvas.height / 1.7;

  // Dimensione e tipo di font
  ctx.fillText('press F5 to refresh', textActionX, textActionY);
}
```

```
function showLevelComplete()
{
  // Colore del testo
  ctx.fillStyle = '#FFFFFF'
  // Dimensione e tipo di font
  ctx.font = '96px Arial'

  // Posizionamento del testo al centro dello schermo
  const textWidth = ctx.measureText('LEVEL COMPLETE!').width;
  const textX = canvas.width / 2 - textWidth / 2;
  const textY = canvas.height / 2;

  ctx.fillText('LEVEL COMPLETE!', textX, textY);
}
```

Infine, subito prima di richiamare requestAnimationFrame(rerender) all'interno del codice che definisce il player, inseriamo questo controllo, che ci permette di stabilire se il player ha completato tutte le condizioni necessarie per uscire dal livello.

```
// verifico che il player possa uscire dal livello
playerCanExit()
```

```
function playerCanExit()
{
  if (switch1IsOn)
  {
    // Effettua la query di collisione tra player e uscita
    const collision = Matter.Query.collides(player, [exit]);

    if(collision.length > 0)
    {
      // level complete!
      levelComplete = true
    }
  }
}
```

Questa funzione viene utilizzata per verificare se il giocatore può uscire dal livello. La condizione per poter uscire è che lo switch1 sia acceso (`switch1IsOn`). Se lo switch1 è acceso, viene effettuata una query di collisione tra il giocatore (`player`) e l'uscita (`exit`) utilizzando la funzione `Matter.Query.collides`.

Se la query di collisione restituisce un array di collisioni (`collision.length > 0`), significa che il giocatore ha colliso con l'uscita. In questo caso, viene impostata la variabile `levelComplete` su `true`, indicando che il livello è stato completato con successo.

Implementazione del sistema di movimento, esplorazione e collisione con nemici e oggetti

L'implementazione del sistema di movimento, esplorazione e collisione con nemici e oggetti è un aspetto fondamentale del nostro gioco. Per consentire al giocatore di muoversi nel mondo di gioco, utilizziamo controlli intuitivi che rispondono ai comandi del giocatore. Attraverso l'utilizzo delle tastiere o di altri dispositivi di input, il giocatore può spostare il personaggio principale in tutte le direzioni desiderate.

Durante l'esplorazione del mondo di gioco, il personaggio deve affrontare diversi ostacoli, tra cui nemici e oggetti. La gestione delle collisioni è fondamentale per garantire una corretta interazione tra il personaggio e l'ambiente circostante. Utilizzando un sistema di rilevamento delle collisioni, il gioco verifica costantemente se il personaggio entra in contatto con nemici o oggetti.

Durante il gioco, il sistema di movimento, esplorazione e collisione si occupa di gestire le interazioni tra il personaggio, gli oggetti e i nemici. Quando si verifica una collisione, vengono attivate azioni specifiche per dare un senso di progressione e interattività al gameplay.

Ad esempio, se il personaggio entra in contatto con un nemico, potrebbe essere scatenata un'animazione di sconfitta o potrebbe essere applicato un effetto che limita momentaneamente la mobilità del personaggio. D'altra parte, se il personaggio raccoglie un oggetto speciale, potrebbe essere attivato un bonus o un potenziamento che conferisce al personaggio abilità extra o vantaggi temporanei.

Queste azioni di collisione sono progettate per arricchire l'esperienza di gioco, offrendo al giocatore una varietà di situazioni e sfide da affrontare. Sebbene nel tuo gioco non sia presente la gestione dei punti vita, puoi comunque utilizzare il sistema di collisione per generare interazioni significative che influenzano l'avanzamento del personaggio e la sua progressione nel mondo di gioco.

L'implementazione di questo sistema richiede un'attenta gestione delle interazioni tra il personaggio, gli oggetti e i nemici, al fine di garantire un'esperienza di gioco fluida e coinvolgente. È importante considerare anche l'integrazione di meccaniche di movimento avanzate, come il salto, la corsa e l'arrampicata, per fornire al giocatore un controllo completo sul personaggio e una maggiore libertà di esplorazione.

In sintesi, l'implementazione del sistema di movimento, esplorazione e collisione rappresenta un elemento chiave per creare un'esperienza di gioco coinvolgente, che sfida il giocatore a navigare attraverso l'ambiente di gioco, evitando nemici e interagendo con oggetti per raggiungere gli obiettivi del gioco.

Primo passo: aggiungiamo gli event listener per gli input da tastiera al codice. In particolare, due tipi di eventi vengono ascoltati: "keydown" (pressione del tasto) e "keyup" (rilascio del tasto).

```javascript
// Aggiungo gli event listener per gli input da tastiera
document.addEventListener('keydown', handleKeyDown);
document.addEventListener('keyup', handleKeyUp);
```

La funzione `handleKeyDown` viene chiamata quando viene premuto un tasto sulla tastiera, mentre la funzione `handleKeyUp` viene chiamata quando il tasto viene rilasciato.

Questi eventi consentono di catturare l'input da tastiera e di gestire le azioni del gioco in base ai tasti premuti o rilasciati. Ad esempio, potresti utilizzare la pressione di un tasto per far muovere il personaggio del giocatore o per attivare determinate abilità.

Aggiungendo questi event listener, il codice è in grado di rilevare gli input da tastiera e invocare le funzioni di gestione corrispondenti per gestire l'input e aggiornare lo stato del gioco di conseguenza.

Secondo passo: definiamo alcune variabili che serviranno a gestire la logica dei movimenti.

```
// Variabili per memorizzare lo stato degli input da tastiera
var leftPressed = false
var rightPressed = false
var upPressed = false
var downPressed = false
// Variabile per memorizzare la direzione del player
var playerDirection = "right"
var enemyDirection = "right"
```

Poi definiamo la funzione handleKeyUp:

```
// Funzione per gestire l'evento keyup
function handleKeyUp(event)
{
  if (event.key === 'ArrowLeft') {
    leftPressed = false;
  } else if (event.key === 'ArrowRight') {
    rightPressed = false;
  } else if (event.key === 'ArrowUp') {
    upPressed = false;
  } else if (event.key === 'ArrowDown') {
    downPressed = false;
  }
}
```

La funzione `handleKeyUp` è chiamata quando viene rilasciato un tasto sulla tastiera. Viene passato come argomento l'oggetto evento che contiene informazioni sull'evento scatenante.

All'interno della funzione, vengono verificate le chiavi degli eventi per determinare quale tasto è stato rilasciato. Se la chiave corrisponde a una delle frecce direzionali (sinistra, destra, su, giù), la variabile corrispondente viene impostata su `false`. Queste variabili (`leftPressed`, `rightPressed`, `upPressed`, `downPressed`) possono essere utilizzate in altre parti del codice per tenere traccia dello stato degli input direzionali.

In sostanza, la funzione `handleKeyUp` viene utilizzata per rilevare quando un tasto direzionale viene rilasciato e per impostare la variabile corrispondente a `false` indicando che quel tasto non è più premuto. Ciò consente di gestire l'input direzionale in modo più preciso e fluido nel gioco.

Poi definiamo la funzione handleKeyDown:

```
// Funzione per gestire l'evento keydown
function handleKeyDown(event)
{

  if (gameOver || levelComplete) return

  // verifico se la liana cattiva mangia il player
  updateEvilVine()
```

La funzione `handleKeyDown` gestisce l'evento `keydown`, che si verifica quando un tasto della tastiera viene premuto. Viene passato come argomento l'oggetto evento che contiene informazioni sull'evento scatenante.

All'interno della funzione, vengono eseguite diverse azioni in base al tasto premuto. Se il gioco è finito (`gameOver`) o il livello è completato (`levelComplete`), la funzione esce prematuramente senza eseguire ulteriori azioni.

Successivamente, viene chiamata la funzione `updateEvilVine()` per verificare se la liana cattiva ha catturato il giocatore.

Nella pagina seguente viene definita la funzione updateEvilVine().

```
// Inizialmente il raggio è 0
let radius = 0;
function updateEvilVine()
{
  // Calcolo la distanza tra il player e l'ultimo pezzo della liana
  const distance = distanceBetween(player.position, evilVine.position);

  evilVineHead.position = evilVine.position

  if (distance < 80)
  {
    playerVineConstraint = Constraint.create({
      bodyA: evilVine,
      bodyB: player,
      length: 0, // La lunghezza verrà calcolata dinamicamente
      stiffness: 1 // Stiffness controlla la tensione del constraint
    });

    Composite.add(engine.world, [playerVineConstraint])

    evilVineHead.render.fillStyle = 'red'

    // il giocatore ha perso
    gameOver = true

    // Aggiorno la lunghezza del constraint tra l'ultimo pezzo e il player
    playerVineConstraint.length = 0.1;
  }
  else if (distance > 80 && distance < 140)
  {
    evilVineHead.render.visible = true
  }
  else
  {
    evilVineHead.render.visible = false
  }
}
```

La funzione `updateEvilVine` viene chiamata per aggiornare il comportamento della liana cattiva nel gioco. Inizialmente, viene dichiarata una variabile `radius` con valore 0.

All'interno della funzione, viene calcolata la distanza tra la posizione del giocatore e l'ultimo pezzo della liana cattiva utilizzando la funzione `distanceBetween`. Questa distanza viene memorizzata nella variabile `distance`.

Successivamente, la posizione della testa della liana cattiva (`evilVineHead`) viene impostata sulla posizione corrente della liana.

Viene quindi eseguito un controllo condizionale sulla distanza calcolata. Se la distanza è inferiore a 80, significa che il giocatore è entrato in contatto con la liana cattiva. In questo caso, viene creato un `Constraint` (vincolo) tra la liana e il giocatore utilizzando `Constraint.create()`. La lunghezza del vincolo viene inizialmente impostata a 0 e sarà calcolata dinamicamente. La variabile `stiffness` controlla la tensione del vincolo.

Il vincolo tra la liana e il giocatore viene quindi aggiunto al mondo fisico (`engine.world`) utilizzando `Composite.add()`. La testa della liana (`evilVineHead`) viene colorata di rosso (`fillStyle = 'red'`).

Viene impostata la variabile `gameOver` su `true`, indicando che il giocatore ha perso.

Infine, viene aggiornata la lunghezza del vincolo tra l'ultimo pezzo della liana e il giocatore, impostandola a 0.1, per creare l'effetto visivo della cattura del giocatore dalla liana.

Nel caso in cui la distanza sia compresa tra 80 e 140, la testa della liana viene resa visibile a dimostrazione del fatto che la liana ha sviluppato nei millenni una certa intelligenza ed è in grado di individuare il player che si muove nel suo territorio :). Se la distanza è superiore a 140, la testa della liana viene resa invisibile. Questi valori sono puramente esemplificativi e possono essere configurati secondo le esigenze specifiche del tuo gioco.

In sostanza, la funzione `updateEvilVine` gestisce il comportamento della liana cattiva nel gioco in base alla distanza dal giocatore, creando un vincolo tra il giocatore e la liana, modificando la visibilità della testa della liana e impostando il gioco in modalità "game over" se il giocatore viene catturato dalla liana.

Per quanto riguarda la funzione distanceBetween ecco qui di seguito la sua definizione, in pratica il Teorema di Pitagora:

```
function distanceBetween(pointA, pointB)
{
  const dx = pointB.x - pointA.x;
  const dy = pointB.y - pointA.y;
  return Math.sqrt(dx * dx + dy * dy);
}
```

Riprendiamo ora la definizione di `handleKeyDown`.

```
if (event.key === 'ArrowLeft')
{
  leftPressed = true;
  // Aggiorna la posizione del player verso sinistra
  Body.setVelocity(player, { x: -amountMovXPlayer, y: amountMovYPlayer })

  if (!isPlayerOnGround())
  {
    applyGravity(0.001)
  }

  // Imposta la direzione del player verso sinistra
  playerDirection = "left";
}
```

- ArrowLeft: Imposta `leftPressed` su `true` e imposta la velocità del giocatore verso sinistra.

Qui vediamo anche una nuova funzione: `isPlayerOnGround`:

```
function isPlayerOnGround()
{
  const collisions = Matter.Query.collides(player, [polygonFlooring, polygonBase]);
  return collisions.length > 0;
}
```

La funzione "isPlayerOnGround()" verifica se il personaggio (player) si trova a contatto con il pavimento o con la base di partenza. Utilizza la funzione

"Matter.Query.collides()" di Matter.js per rilevare le collisioni tra il personaggio e gli oggetti specificati (polygonFlooring e polygonBase).

La funzione restituisce un valore booleano: "true" se il personaggio è a contatto con il pavimento o la base, altrimenti restituisce "false". Questo può essere utilizzato per controllare se il personaggio è in grado di saltare, spostarsi lateralmente o eseguire altre azioni specifiche solo quando è a terra. Al solito, in questa funzione possono essere aggiunti tutti i poligoni ritenuti necessari per il proprio caso specifico.

Se il giocatore non è a terra, viene applicata una forza gravitazionale aggiuntiva.

```
function applyGravity(g)
{
  // Applica la forza di gravità al player solo se
  // non è a contatto con il suolo o altre superfici
  if (!isPlayerOnGround()) {
    Body.applyForce(player, player.position, { x: 0, y: g });
  }
}
```

La funzione `applyGravity(g)` applica una forza di gravità al personaggio (player) solo se non è a contatto con il suolo o altre superfici. Questo controllo viene eseguito utilizzando la funzione `isPlayerOnGround()`, che determina se il personaggio è a contatto con il terreno o con una base. Se il personaggio non è a contatto con il suolo, viene applicata una forza di gravità al personaggio utilizzando la funzione `Body.applyForce()`. La forza di gravità viene applicata lungo l'asse Y (verticale), con un valore di g specificato come parametro della funzione. Questo permette al personaggio di cadere verso il basso in modo realistico e di essere soggetto all'effetto di gravità se non è supportato dal terreno.

Poiché stiamo utilizzando `Body.setVelocity` per impostare la velocità del player direttamente, è necessario prendere in considerazione l'applicazione della forza di gravità manualmente. Quando si utilizza `Body.setVelocity`, il corpo non viene influenzato automaticamente dalla forza di gravità incorporata di Matter.js.

In questo modo, il player avrà un movimento fluido grazie all'utilizzo di `Body.setVelocity` e verrà applicata correttamente la forza di gravità quando necessario. Continuando:

```
else if (event.key === 'ArrowRight')
{
  rightPressed = true;

  // Aggiorna la posizione del player verso destra
  Body.setVelocity(player, { x: amountMovXPlayer, y: amountMovYPlayer })

  if (!isPlayerOnGround())
  {
    applyGravity(0.001)
  }

  // Imposta la direzione del player verso destra
  playerDirection = "right";
}
```

1. ArrowRight: Imposta `rightPressed` su `true` e imposta la velocità del giocatore verso destra. Se il giocatore non è a terra, viene applicata una forza gravitazionale aggiuntiva e viene creato un effetto di esplosione.

```
} else if (event.key === 'ArrowDown') {
downPressed = true;

if(!steamGeneratorIsOn)
{
  // Effettua la query di collisione tra player e steamgenerator
  const collision = Matter.Query.collides(player, [steamgenerator]);

  if(collision.length > 0)
  {
    // Avvia l'effetto di tremolio se non è già attivo
    if (!isShaking)
    {
      startShakeEffect();
    }
  }
}
```

- ArrowDown: Imposta `downPressed` su `true`. Se il computer di controllo (`steamGenerator`) non è acceso, viene verificata la collisione tra il giocatore e il generatore e, se presente, viene avviato un effetto di tremolio.

Definiamo la funzione "tremolio":

```
// Variabili per l'effetto di tremolio
let shakeInterval
let isShaking = false
var steamGeneratorIsOn = false
var switch1IsOn = false

// Funzione per avviare l'effetto di tremolio
function startShakeEffect()
{
  // Imposta la durata in millisecondi
  const duration = 500
  // Imposta intensità dell'effetto (pixel di spostamento)
  const intensity = 4

  // Calcola il tempo di inizio e il tempo di fine dell'effetto
  const startTime = Date.now()
  const endTime = startTime + duration

  // Avvia l'intervallo di aggiornamento per l'effetto di tremolio
  shakeInterval = setInterval(function() {
    const currentTime = Date.now()
    const elapsedTime = currentTime - startTime

    // Calcola l'offset di spostamento casuale per l'effetto di tremolio
    const offsetX = Math.random() * intensity - intensity / 2
    const offsetY = Math.random() * intensity - intensity / 2

    // Applica l'offset di spostamento al canvas
    ctx.clearRect(0, 0, canvas.width, canvas.height)
    ctx.translate(offsetX, offsetY)

    // Interrompi l'effetto di tremolio quando raggiungi il tempo di fine
    if (currentTime >= endTime)
    {
      stopShakeEffect()
    }
  }, 16); // Tempo di aggiornamento dell'effetto in millisecondi
}
```

Il codice sopra implementa un effetto di tremolio sul canvas del gioco. Quando viene chiamata la funzione `startShakeEffect()`, vengono impostate alcune variabili che definiscono la durata e l'intensità dell'effetto. Viene quindi calcolato il tempo di inizio e il tempo di fine dell'effetto, basandosi sul tempo corrente.

Successivamente, viene avviato un intervallo di aggiornamento che si ripete ogni 16 millisecondi (corrispondente a una frequenza di circa 60 frame al secondo, questo perché 1000 millisecondi corrispondono a 1 secondo, quindi dividendo 1000 per 60 otteniamo circa 16.6667 millisecondi. Tuttavia, per semplificare i calcoli, spesso si utilizza il valore approssimato di 16 millisecondi). All'interno di questo intervallo, viene calcolato il tempo trascorso dall'inizio dell'effetto e viene generato un offset di spostamento casuale, sia lungo l'asse X che lungo l'asse Y, all'interno dell'intensità specificata.

L'offset di spostamento viene quindi applicato al canvas utilizzando la funzione `ctx.translate()`, che sposta l'origine del sistema di coordinate del canvas. Questo crea l'effetto visivo di tremolio.

L'intervallo di aggiornamento continua a ripetersi finché il tempo corrente non supera il tempo di fine dell'effetto, momento in cui viene chiamata la funzione `stopShakeEffect()` per interrompere l'effetto.

L'effetto di tremolio viene creato attraverso una serie di spostamenti casuali e ripetuti dell'origine del canvas, dando l'impressione che l'intero contenuto del canvas si stia muovendo in modo irregolare. Questo può essere utilizzato per creare effetti visivi interessanti durante determinate situazioni nel gioco, come collisioni o eventi speciali.

Vediamo come è definita la funzione che ferma questo effetto tremolio, `stopShakeEffect()`.

```
// Funzione per interrompere l'effetto di tremolio
function stopShakeEffect()
{
  clearInterval(shakeInterval);
  // Ripristina la trasformazione del canvas
  ctx.setTransform(1, 0, 0, 1, 0, 0)
  isShaking = false
  if(!steamGeneratorIsOn)
  {
    // prima volta che entro qui, accendo il computer di controllo
    steamGeneratorIsOn = true
    steamgeneratorONrect1.render.visible = true
    steamgeneratorONrect2.render.visible = true
    steamgeneratorONrect3.render.visible = true
  }
  else
  {
    // seconda volta che entro qui, accendo la luce!
    switch1IsOn = true
    switcONcircle.render.visible = true
  }
}
```

La funzione è chiamata per interrompere l'effetto di tremolio in corso. Esegue diverse azioni per ripristinare lo stato del canvas e gestire alcuni eventi nel gioco.

Innanzitutto, la funzione chiama `clearInterval(shakeInterval)` per fermare l'intervallo di aggiornamento che era stato avviato per l'effetto di tremolio. Questo interrompe l'esecuzione della funzione che viene chiamata ogni 16 millisecondi.

Successivamente, la funzione ripristina la trasformazione del canvas chiamando `ctx.setTransform(1, 0, 0, 1, 0, 0)`. Questo comando annulla l'effetto di traslazione che era stato applicato al canvas durante l'effetto di tremolio, riportandolo alla sua posizione originale.

La variabile `isShaking` viene impostata su `false` per indicare che l'effetto di tremolio è stato interrotto.

A seconda dello stato di `steamGeneratorIsOn`, vengono eseguite diverse azioni. Se è la prima volta che si entra in questa parte del codice (ovvero `steamGeneratorIsOn` è falso), viene impostato `steamGeneratorIsOn` su `true` e vengono resi visibili alcuni elementi correlati al generatore di vapore.

Se invece è la seconda volta che si entra in questa parte del codice (ovvero `steamGeneratorIsOn` è vero), viene impostato `switch1IsOn` su `true`.

In sintesi, la funzione `stopShakeEffect()` si occupa di terminare l'effetto di tremolio, ripristinare lo stato del canvas e attivare determinati elementi nel gioco a seconda delle condizioni specificate.

Ora scriviamo la parte di codice mancante per completare la logica sulla pressione del tasto `ArrowDown`.

```
else
{
    // Effettua la query di collisione tra player e steamgenerator
    const collision = Matter.Query.collides(player, [switch1]);

    if(!switch1IsOn)
    {
        if(collision.length > 0)
        {
            // Avvia l'effetto di tremolio se non è già attivo
            if (!isShaking)
            {
                startShakeEffect();
            }
        }
    }
}
```

Se il computer di controllo era già stato attivato, viene verificata la collisione tra il giocatore e l'interruttore (`switch1`) e, se l'interruttore non è acceso, viene avviato un effetto di tremolio.

```
else if (event.key === 'ArrowUp')
{
  upPressed = true;

  // aggiungo effetto esplosione dello zaino razzo
  const playerPosition = player.position;
  const playerVelocity = player.velocity;
  // Calcola l'angolo opposto alla direzione del player
  const playerAngle = Math.atan2(-playerVelocity.y, -playerVelocity.x);
  for (let i = 0; i < numParticlesJumpPlayer; i++) {
    createParticleThrust(playerPosition.x, playerPosition.y, playerAngle);
  }

  // Imposta la velocità verticale per il salto
  Body.setVelocity(player, { x: player.velocity.x, y: -amountJumpPlayer });
```

- ArrowUp: Imposta `upPressed` su `true` e crea un effetto di esplosione dello zaino razzo. Imposta anche la velocità verticale del giocatore per il salto.

Vediamo ora la funzione che permette di creare un effetto zaino razzo.

```
function createParticleThrust(x, y, playerAngle)
{
  // Calcola l'angolo limite di deviazione
  // 2 gradi di deviazione rispetto all'angolo opposto al player
  const deviationAngle = playerAngle + (Math.PI / 180) * 2;

  // Genera un angolo casuale tra l'angolo opposto e l'angolo limite
  const angle = Math.random() * (deviationAngle - Math.PI) + Math.PI;

  // Genera una spinta casuale ridotta
  // Valore compreso tra 0.01 e 0.03
  const forceMagnitude = Math.random() * 0.001
  const force = {
    x: Math.cos(angle) * forceMagnitude,
    y: Math.sin(angle) * forceMagnitude,
  };
```

```
// Genera un colore casuale tra bianco e azzurro
const color = Math.random() < 0.7 ? 'rgba(255, 255, 255, ' :
                  Math.random() < 0.8 ? 'rgba(255, 0, 0, ' :
                  Math.random() < 0.9 ? 'rgba(0, 0, 255, ' :
                  'rgba(255, 255, 0, ';

// Trasparenza casuale compresa tra 0.1 e 1
const alpha = Math.random() * 0.9 + 0.1;
const fillColor = color + alpha + ')';

const radius = Math.random() * 2 + 1;

// Crea il corpo circolare della particella
const particle = Bodies.circle(x, y, radius, {
  restitution: 0.1, // Coefficiente di restituzione per il rimbalzo
  frictionAir: 0.05, // Attrito dell'aria
  render: {
    fillStyle: fillColor,
  },
});

// Applica la spinta iniziale al corpo della particella
Body.applyForce(particle, particle.position, force);

// Aggiungi la particella al mondo di Matter.js
Composite.add(engine.world, particle);

// Rimuovi la particella dal mondo dopo 2 secondi
setTimeout(() => {
  Composite.remove(engine.world, particle);
}, 50);
}
```

La funzione `createParticleThrust` viene utilizzata per creare particelle di spinta durante l'effetto di esplosione dello zaino razzo del giocatore.

1. Viene calcolato un angolo limite di deviazione aggiungendo 2 gradi all'angolo opposto al player. Questo angolo limite viene utilizzato per generare un angolo casuale compreso tra l'angolo opposto e l'angolo limite.

2. Viene generata una spinta casuale ridotta con un valore compreso tra 0.01 e 0.03. La spinta viene suddivisa nelle componenti orizzontale e verticale utilizzando l'angolo casuale generato in precedenza.

3. Viene generato un colore casuale per la particella. Ci sono quattro possibili colori: bianco, rosso, blu e giallo. La trasparenza del colore viene impostata in modo casuale tra 0.1 e 1.

4. Viene generato un raggio casuale per la particella, compreso tra 1 e 3.

5. Viene creato il corpo circolare della particella utilizzando la funzione `Bodies.circle()` di Matter.js. Vengono impostate alcune proprietà del corpo, come il coefficiente di restituzione per il rimbalzo, l'attrito dell'aria e il colore di riempimento.

6. Viene applicata la spinta iniziale al corpo della particella utilizzando `Body.applyForce()`.

7. La particella viene aggiunta al mondo di Matter.js utilizzando `Composite.add()`.

8. Viene impostato un timeout di 50 millisecondi per rimuovere la particella dal mondo dopo 2 secondi utilizzando `Composite.remove()`.

In sintesi, la funzione `createParticleThrust` genera particelle di spinta con angoli, colori e spinte casuali, che vengono create come corpi circolari in Matter.js e applicate con una forza iniziale. Queste particelle contribuiscono a creare l'effetto visivo dell'esplosione dello zaino razzo durante il salto del giocatore.

Continuiamo la definizione della logica di `ArrowUp`.

```
if (leftPressed) {
  // Movimento verso sinistra durante il salto
  // Imposta la velocità orizzontale verso sinistra
  Body.setVelocity(player, { x: -amountMovXPlayer, y: player.velocity.y });

  if (!isPlayerOnGround())
  {

    applyGravity(0.001)

    // aggiungo effetto esplosione dello zaino razzo
    const playerPosition = player.position;
    const playerVelocity = player.velocity;
    // Calcola l'angolo opposto alla direzione del player
    const playerAngle = Math.atan2(-playerVelocity.y, -playerVelocity.x);
    for (let i = 0; i < numParticlesJumpPlayer/3; i++) {
      createParticleThrust(playerPosition.x, playerPosition.y, playerAngle);
    }
  }
}
```

1. Viene impostata la velocità orizzontale del giocatore verso sinistra utilizzando `Body.setVelocity()`. La velocità orizzontale viene impostata su `-amountMovXPlayer`, che rappresenta la quantità di movimento laterale desiderata per il giocatore durante il salto.

2. Viene verificato se il giocatore non si trova a contatto con il suolo o altre superfici utilizzando la funzione `isPlayerOnGround()`. Se il giocatore non è a contatto con il suolo, viene eseguito il seguente blocco di codice:

4. Viene applicata una forza di gravità al giocatore utilizzando `applyGravity()`. Questa forza di gravità ha un valore di `0.001`.

5. Viene aggiunto l'effetto di esplosione dello zaino razzo del giocatore utilizzando un ciclo `for`. Viene calcolato l'angolo opposto alla direzione del movimento del giocatore utilizzando la funzione `Math.atan2()`. Successivamente, vengono creati un terzo del numero totale di particelle di spinta (`numParticlesJumpPlayer/3`) utilizzando la funzione `createParticleThrust()`. Questo aggiunge l'effetto visivo delle particelle di spinta durante il salto del giocatore.

In sintesi, quando il giocatore preme il tasto freccia sinistra durante il salto, il suo movimento laterale viene impostato verso sinistra e viene applicata una forza di gravità. Inoltre, vengono generate particelle di spinta per aggiungere un effetto visivo di esplosione dello zaino razzo durante il salto.

```
} else if (rightPressed) {
    // Movimento verso destra durante il salto
    // Imposta la velocità orizzontale verso destra
    Body.setVelocity(player, { x: amountMovXPlayer, y: player.velocity.y });

    if (!isPlayerOnGround())
    {

        applyGravity(0.001)

        // aggiungo effetto esplosione dello zaino razzo
        const playerPosition = player.position;
        const playerVelocity = player.velocity;
        // Calcola l'angolo opposto alla direzione del player
        const playerAngle = Math.atan2(-playerVelocity.y, -playerVelocity.x);
        for (let i = 0; i < numParticlesJumpPlayer/3; i++) {
            createParticleThrust(playerPosition.x, playerPosition.y, playerAngle);
        }
    }
}
```

1. Viene impostata la velocità orizzontale del giocatore verso destra utilizzando `Body.setVelocity()`. La velocità orizzontale viene impostata su `amountMovXPlayer`, che rappresenta la quantità di movimento laterale desiderata per il giocatore durante il salto.

2. Viene verificato se il giocatore non si trova a contatto con il suolo o altre superfici utilizzando la funzione `isPlayerOnGround()`. Se il giocatore non è a contatto con il suolo, viene eseguito il seguente blocco di codice:

3. Viene applicata una forza di gravità al giocatore utilizzando `applyGravity()`. Questa forza di gravità ha un valore di `0.001`.

4. Viene aggiunto l'effetto di esplosione dello zaino razzo del giocatore utilizzando un ciclo `for`. Viene calcolato l'angolo opposto alla

direzione del movimento del giocatore utilizzando la funzione `Math.atan2()`. Successivamente, vengono creati un terzo del numero totale di particelle di spinta (`numParticlesJumpPlayer/3`) utilizzando la funzione `createParticleThrust()`. Questo aggiunge l'effetto visivo delle particelle di spinta durante il salto del giocatore.

In sintesi, quando il giocatore preme il tasto freccia destra durante il salto, il suo movimento laterale viene impostato verso destra e viene applicata una forza di gravità. Inoltre, vengono generate particelle di spinta per aggiungere un effetto visivo di esplosione dello zaino razzo durante il salto.

Ultimo tasto gestito, la barra spaziatrice:

```
} else if (event.key === ' ') {

    // Spazio - spinta del player se in collisione con una roccia o con l'enemy

    const playerVelocity = player.velocity;
    const playerAngle = Math.atan2(-playerVelocity.y, -playerVelocity.x);

    // Verifica la collisione tra il player e le rocce
    const collidingRocks = Matter.Query.collides(player, rocks);

    if (collidingRocks.length > 0)
    {
        // Applica la forza di spinta alle rocce
        collidingRocks.forEach((collision) =>
        {
            const rock = collision.bodyA === player ? collision.bodyB : collision.bodyA;
            // Magnitudo della forza di spinta
            const forceMagnitude = 0.06;

            // Calcola la direzione in cui il player sta guardando
            const forceY = Math.sin(playerAngle) * forceMagnitude;

            // Applica la forza di spinta alla roccia nella direzione opposta a quella del player
            if (playerDirection === 'right') {
                Body.applyForce(rock, rock.position, { x: forceMagnitude, y: forceY });
            } else {
                Body.applyForce(rock, rock.position, { x: -forceMagnitude, y: forceY });
            }

        });
    }
}
```

1. Vengono ottenute la velocità attuale del giocatore (`playerVelocity`) e l'angolo opposto alla direzione del movimento del giocatore

(`playerAngle`) utilizzando la funzione `Math.atan2()`. L'angolo viene calcolato utilizzando la velocità verticale e orizzontale del giocatore moltiplicate per -1.

2. Viene effettuata una query di collisione tra il giocatore e le rocce utilizzando la funzione `Matter.Query.collides()`. Questo restituisce un array di collisioni tra il giocatore e le rocce.

3. Viene verificato se ci sono collisioni tra il giocatore e le rocce utilizzando `collidingRocks.length > 0`. Se ci sono collisioni, viene eseguito il seguente blocco di codice:

4. Viene applicata una forza di spinta alle rocce coinvolte nella collisione utilizzando `collidingRocks.forEach()`. Per ogni collisione, viene calcolata la direzione in cui il giocatore sta guardando utilizzando la funzione `Math.sin()`. Viene quindi applicata una forza di spinta alla roccia nella direzione opposta al giocatore. La magnitudo della forza di spinta è impostata su `0.06`.

5. La direzione della forza di spinta dipende dalla direzione del giocatore (`playerDirection`). Se il giocatore sta guardando a destra, la forza viene applicata nella direzione positiva sull'asse x. Se il giocatore sta guardando a sinistra, la forza viene applicata nella direzione negativa sull'asse x.

In sintesi, quando il giocatore preme il tasto spazio e si verifica una collisione con una roccia, viene applicata una forza di spinta alla roccia nella direzione opposta al giocatore. Questo permette al giocatore di spingere le rocce interagendo con esse durante il gioco.

Concludendo, la funzione `handleKeyDown` gestisce gli eventi di pressione dei tasti della tastiera e esegue diverse azioni in base al tasto premuto, influenzando il movimento, gli effetti e le interazioni del giocatore nel gioco.

Creazione di una UI semplice per il gioco

La creazione di una UI (User Interface) per un gioco è un aspetto cruciale per fornire una buona esperienza di gioco. Ci sono diversi approcci comuni per la progettazione di una UI, che possono includere elementi come pulsanti, barre di salute, indicatori di punteggio e altro ancora.

Ci sono diversi approcci comuni per la progettazione di una UI nei giochi.

1. Interfaccia grafica (GUI): Questo è uno dei metodi più comuni ed è caratterizzato dall'uso di elementi grafici come pulsanti, icone, barre di salute, contatori e menu a tendina. La GUI offre una rappresentazione visiva dei comandi e delle informazioni del gioco, facilitando la comprensione e l'interazione del giocatore.

2. HUD (Heads-Up Display): L'HUD è un elemento visivo sovrapposto al gameplay principale che fornisce informazioni essenziali al giocatore in tempo reale. Può includere elementi come barre di salute, indicatori di punteggio, mappe, contatori di risorse e altro ancora. L'HUD è spesso posizionato strategicamente negli angoli dello schermo per essere facilmente visibile senza ostruire la vista del gameplay.

3. Menù di navigazione: Questo approccio si concentra sulla creazione di un sistema di navigazione intuitivo per il giocatore. Può includere menu a schermo intero, menu a discesa o icone interattive che consentono al giocatore di accedere a diverse opzioni come impostazioni, inventario, mappe e altre funzionalità di gioco.

4. Comunicazione ambientale: Questo approccio si basa sulla presentazione delle informazioni di gioco attraverso elementi nel mondo di gioco stesso. Ad esempio, le indicazioni potrebbero essere fornite attraverso segnali visivi nel livello, graffiti sui muri o personaggi non giocanti che forniscono suggerimenti e istruzioni.

5. Comunicazione sonora: Questo approccio si basa sull'uso di suoni e musica per fornire feedback e informazioni al giocatore. Ad esempio, suoni distinti potrebbero essere associati a determinate azioni o eventi

nel gioco, o la musica potrebbe cambiare in base alla situazione o all'atmosfera.

Questi sono solo alcuni degli approcci comuni per la progettazione di una UI nei giochi. La scelta dell'approccio dipenderà dal tipo di gioco, dalla sua estetica, dalla narrazione e dalle esigenze dell'esperienza di gioco desiderata.

Nel contesto del gioco descritto in questo libro, ci limiteremo a utilizzare una UI molto semplice.

Per mantenere una coerenza narrativa con il concetto di esplorazione in una caverna all'interno di una giungla remota, abbiamo deciso di limitare la visualizzazione di testo solo in momenti specifici del gioco, come quando il giocatore raggiunge il gameover o completa un livello. Questa scelta è finalizzata a creare un'atmosfera di oscurità e colpi di scena, richiamando anche elementi tipici di un gioco roguelike survival con il pericolo di una morte permanente.

In questo contesto particolare, l'uso di troppe grafiche ed elementi visivi sulla UI potrebbe non essere coerente con la narrativa e l'esperienza di gioco desiderate. Pertanto, abbiamo scelto di adottare un approccio minimalista, concentrandoci sulla resa del testo in momenti chiave per mantenere alta la suspense e l'immersione del giocatore nell'esplorazione della misteriosa caverna.

Per riassumere, nel nostro gioco abbiamo utilizzato tecniche di disegno su canvas per creare le funzioni showGameOver() e showLevelComplete(). Queste funzioni si occupano di visualizzare il testo appropriato quando il giocatore raggiunge il game over o completa il livello. Utilizzando il contesto del canvas, abbiamo impostato le dimensioni, lo stile e la posizione del testo per renderlo visibile e leggibile.

Prima esecuzione "ufficiale" del gioco

Finalmente è giunto il momento di avviare il gioco platform che hai programmato fino ad ora. Sono sicuro che avrai già sperimentato in autonomia, ma questa è l'occasione per farlo insieme.

Segui attentamente questi semplici passi:

1. Avvia il tuo browser preferito sul tuo computer, come Google Chrome, Mozilla Firefox, Safari o Microsoft Edge.

2. Nella barra degli indirizzi del browser, digita "file://" seguito dal percorso completo della cartella in cui hai salvato il tuo progetto platform. Ad esempio, se il tuo progetto si trova nella cartella "MioProgettoPlatform", digita "file:///percorso/MioProgettoPlatform/".

3. All'interno della cartella del progetto, individua il file "platform.html" che hai creato. Fai doppio clic sul file per aprirlo nel browser.

4. Una volta aperta la pagina "platform.html", il browser inizierà a caricare il file HTML e tutti gli script JavaScript associati. Potrebbe essere necessario attendere alcuni istanti mentre il browser esegue queste operazioni.

5. Una volta caricato, il gioco platform verrà visualizzato nel browser. Potrai interagire con il gioco utilizzando i comandi che hai definito. Esplora l'ambiente di gioco, muoviti attraverso il livello e interagisci con gli oggetti.

Durante questa prima esecuzione del gioco, potrebbe capitare di incontrare errori o problemi nel funzionamento delle varie funzionalità. Per aiutarti a individuare e risolvere tali problemi, puoi fare uso del menu sviluppatore disponibile nel tuo browser, che offre strumenti di debug.

Per accedere al menu sviluppatore, fai clic destro sulla pagina del gioco e seleziona l'opzione "Ispeziona" o "Ispeziona elemento" dal menu contestuale. Si aprirà una finestra o un pannello con varie schede, come "Elementi", "Console", "Rete" e altre, che ti consentiranno di esaminare il codice, monitorare gli errori e testare diverse funzionalità.

In particolare, la scheda "Console" risulta estremamente utile per il debug. Qui potrai visualizzare eventuali messaggi di errore o avvisi generati dal gioco e potrai anche scrivere comandi JavaScript per eseguire test e controlli specifici.

Sfruttando gli strumenti di debug disponibili nel menu sviluppatore del tuo browser, potrai analizzare il comportamento del gioco, controllare i valori delle variabili e risolvere eventuali problemi di codice che potrebbero sorgere lungo il percorso.

Riepilogo

Congratulazioni per aver raggiunto questo punto e per tutto il lavoro svolto fino ad ora. Ora è il momento di esplorare il tuo gioco e goderti il frutto del tuo impegno e della tua creatività.

Gli argomenti che abbiamo trattato fino ad ora nello sviluppo del nostro gioco platform, sono stati davvero tanti:

1. Abbiamo introdotto l'uso di un motore come Matter.js per gestire la fisica nel nostro gioco, consentendo collisioni realistiche, movimento fluido e interazioni tra gli oggetti.

2. Abbiamo imparato a creare oggetti fisici come poligoni e sprite sheet, che rappresentano i personaggi, gli ostacoli e gli elementi interattivi nel nostro gioco.

3. Abbiamo aggiunto nemici che utilizzano l'IA per inseguire e attaccare il giocatore, creando una sfida aggiuntiva durante l'esplorazione dei livelli.

4. Abbiamo esplorato come gestire le collisioni tra oggetti nel gioco, come evitare che il giocatore attraversi muri o interagisca con elementi specifici quando entra in contatto con essi.

5. Abbiamo utilizzato constraints e catene in Matter.js per creare collegamenti tra oggetti, come liane, aggiungendo elementi di gameplay e realismo all'ambiente di gioco.

6. Abbiamo creato un effetto "fog of war" che limita la visibilità del giocatore, nascondendo parti non esplorate del livello e creando una sensazione di mistero e scoperta.

7. Abbiamo introdotto la gestione del movimento del personaggio principale utilizzando gli input da tastiera, consentendo al giocatore di controllare il movimento in diverse direzioni e di eseguire azioni specifiche come saltare.

8. Abbiamo discusso l'importanza del debugging nel gioco, esaminando

errori comuni e fornendo consigli su come individuare e risolvere problemi di codice.

Questi argomenti ci hanno permesso di creare un gioco platform coinvolgente, con elementi fisici realistici, nemici intelligenti, interazioni interessanti e un'esperienza di gioco avvincente.

Spero che tu possa apprezzare appieno il risultato del tuo duro lavoro, godendo delle emozioni e dell'intrattenimento che il tuo gioco ti offre.

L'esplorazione di questo mondo fisico 2D ti ha sicuramente fornito una solida base di conoscenze e competenze che puoi applicare in future creazioni. Durante lo sviluppo del gioco, potresti aver avuto nuove idee o ispirazioni per migliorare o espandere il gameplay, aggiungere nuovi livelli o personaggi, o introdurre meccaniche uniche.

L'apprendimento e l'approfondimento nel campo dello sviluppo di giochi 2D possono portare a scoperte stimolanti e nuove opportunità creative. Non esitare a esplorare ulteriormente questo mondo, sperimentare con nuove idee e implementare soluzioni innovative per rendere il tuo gioco ancora più coinvolgente e appagante per i giocatori.

"Journey through the shadows of Limbo and face your fears." - Limbo

Capitolo 8: Il Suono nel Tuo Gioco: Musica ed Effetti Sonori

Nel Capitolo 8 esploreremo il ruolo del suono nei videogiochi e l'importanza di integrare musica ed effetti sonori nel nostro gioco platform. Discuteremo dell'impatto emotivo e dell'immersione che il suono può apportare all'esperienza di gioco. Successivamente, esamineremo come creare e gestire effetti sonori utilizzando JavaScript, esplorando diverse tecniche e librerie disponibili. Vedremo come riprodurre suoni in risposta a determinate azioni o eventi nel gioco, aggiungendo un livello di interattività e coinvolgimento per il giocatore. Infine, impareremo come integrare la musica di sfondo per creare l'atmosfera desiderata nel nostro gioco. Aggiungere il suono al nostro gioco platform renderà l'esperienza più completa e coinvolgente per i giocatori.

Importanza del Suono in un Videogioco

Il suono svolge un ruolo fondamentale nell'esperienza di gioco, poiché contribuisce in modo significativo all'immersione del giocatore nel mondo virtuale. Attraverso l'uso di effetti sonori e musica di sfondo appropriati, è possibile trasmettere emozioni, creare atmosfere coinvolgenti e fornire riscontro istantaneo sulle azioni intraprese. Il suono può amplificare la suspense in una scena di combattimento, aumentare l'adrenalina durante un inseguimento o fornire indicazioni sonore sulle interazioni e gli eventi del gioco. Inoltre, la colonna sonora può creare un'identità unica per il gioco, suscitando sentimenti di nostalgia, eccitazione o tensione. In sintesi, il suono svolge un ruolo chiave nel completare l'esperienza di gioco, coinvolgendo ulteriormente i giocatori e rendendo il mondo virtuale ancora più realistico e coinvolgente.

Creazione e Gestione di Effetti Sonori con JavaScript

La creazione e gestione degli effetti sonori è un aspetto fondamentale nella realizzazione di un videogioco coinvolgente. Con JavaScript, è possibile sfruttare diverse tecniche per creare e riprodurre effetti sonori all'interno del gioco. Una delle opzioni è utilizzare la libreria Web Audio API, che fornisce un set di funzionalità avanzate per la manipolazione e il controllo del suono. È possibile creare suoni personalizzati, modificare parametri come il volume e la riproduzione in loop, e sincronizzare gli effetti sonori con gli eventi di gioco. Inoltre, è possibile caricare file audio esterni, come file MP3 o WAV, per arricchire l'esperienza sonora del gioco. La gestione degli effetti sonori richiede anche attenzione all'ottimizzazione delle risorse, come la gestione della memoria e la sincronizzazione corretta dei suoni durante l'esecuzione del gioco. In questo modo, è possibile creare un'atmosfera coinvolgente e immersiva per i giocatori, arricchendo ulteriormente l'esperienza di gioco complessiva.

Aggiunta del Suono al Tuo Gioco

Aggiungere il suono al tuo gioco è un passaggio fondamentale per creare un'esperienza coinvolgente e immersiva. Per semplificare la gestione e la riproduzione dei suoni, possiamo fare affidamento su librerie esterne come Howler.js.

Howler.js è una potente libreria JavaScript che offre una solida soluzione per la gestione dei suoni nei tuoi giochi. È facile da utilizzare e fornisce una serie di funzionalità avanzate per controllare la riproduzione, il volume, la posizione e gli effetti sonori.

I vantaggi di utilizzare Howler.js sono molteplici. Innanzitutto, supporta diversi formati audio comuni, come MP3, WAV, AAC e OGG, garantendo una compatibilità ampia con i diversi browser e dispositivi. Inoltre, offre un'interfaccia semplice e intuitiva per caricare e riprodurre i file audio, consentendo di gestire facilmente playlist e loop.

Per utilizzare Howler.js nel tuo gioco, inizierai includendo la libreria nel tuo progetto. Successivamente, potrai creare istanze dei suoni che desideri riprodurre utilizzando la classe Howl. Ogni istanza avrà le sue proprietà e metodi per controllare la riproduzione, come play(), pause() e stop(). Inoltre, potrai impostare il volume, il panning e gli effetti sonori specifici per ogni suono.

Per integrare effetti sonori nel gioco, segui i seguenti passaggi:

1. Scarica la libreria Howler.js da https://howlerjs.com/
2. Includi la libreria Howler.js nel platform.html utilizzando il tag `<script>` e il percorso corretto per il file di script:

```
<script src="js/howler.core.js"></script>
```

3. Dopo aver copiato i file audio che desideri utilizzare nel gioco nella directory del progetto, caricali nel file roguelike.js. Puoi utilizzare diversi formati audio supportati, come MP3, WAV, OGG, tra gli altri. Ad esempio:

```
var soundSteps = new Howl({
  src: ['soundStep.mp3']
});
```

Puoi specificare più formati audio per garantire la compatibilità con diversi browser:

```
var soundSteps = new Howl({
  src: ['cartelladiprogettoplatform/soundSteps.mp3','cartella/suono.ogg']
});
```

4. Per riprodurre un effetto sonoro in risposta a un'azione nel gioco, come premere un pulsante o compiere una determinata azione, utilizza il metodo `play()` dell'oggetto Howl. Nel nostro caso utilizzeremo la

funzione play() all'interno della funzione handleKeyDown():

```
// Verifica se il suono è in riproduzione e se il player è su una base di appoggio
if (!soundSteps.playing() && isPlayerOnGround()) {
  // Riproduzione del suono solo se non è già in riproduzione
  soundSteps.play();
}
```

Questo codice verifica se il suono "soundSteps" non sta già suonando e se il player è su una base di appoggio nel gioco. Se entrambe le condizioni sono vere, allora viene avviata la riproduzione del suono "soundSteps".

Nello specifico, il codice utilizza il metodo playing() di Howler.js per verificare se il suono "soundSteps" è attualmente in riproduzione. Se il suono non sta suonando (il metodo playing() restituisce false) e il player è su una base di appoggio (la funzione isPlayerOnGround() restituisce true), viene avviata la riproduzione del suono "soundSteps" utilizzando il metodo play().

Questa logica assicura che il suono venga riprodotto solo se non è già in riproduzione e se il player è sul terreno, evitando sovrapposizioni indesiderate di suoni e garantendo una corretta gestione degli effetti sonori nel gioco.

Puoi anche impostare opzioni aggiuntive per il suono, come il volume o la velocità di riproduzione:

```
var soundSteps = new Howl({
  src: ['sounds/soundStep.wav']
});
// Impostazione della velocità di riproduzione al triplo
soundSteps.rate(3.0);
```

A questo punto è chiaro come poter utilizzare i suoi in diverse situazioni.

Per quanto riguarda l'integrazione della musica nel gioco, il processo è simile. Puoi seguire gli stessi passaggi per caricare e riprodurre file audio di musica utilizzando l'oggetto Howl. Tuttavia, la musica di solito ha una durata più lunga rispetto agli effetti sonori e potresti voler controllare anche le opzioni di riproduzione, come l'abilitazione del loop per far ripetere la musica continuamente:

```
var music = new Howl({
  src: ['cartella/musica.mp3'],
  // Abilita il loop per far ripetere la musica
  loop: true
});

music.play();
```

In questo modo, la musica verrà riprodotta in loop fino a quando non viene fermata esplicitamente.

Ci sono diversi siti online dove è possibile trovare semplici file audio da utilizzare nei progetti personali. Ecco alcuni siti che offrono librerie di suoni gratuiti:

1. **Freesound** (https://freesound.org/): Un'enorme raccolta di suoni gratuiti caricati dagli utenti. Puoi cercare per categoria, tag o parola chiave.

2. **Zapsplat** (https://www.zapsplat.com/): Una vasta libreria di effetti sonori gratuiti, organizzati per categorie. È necessaria una registrazione gratuita per il download.

3. **OpenGameArt** (https://opengameart.org/): Una comunità che condivide risorse grafiche e audio gratuite per giochi. Include una sezione dedicata agli effetti sonori.

4. **SoundBible** (http://soundbible.com/): Una raccolta di suoni gratuiti, tra cui effetti sonori e registrazioni ambientali. I suoni sono organizzati per categorie.

5. **YouTube Audio Library** (https://www.youtube.com/audiolibrary/music): La libreria audio di YouTube offre una vasta selezione di musica e effetti sonori gratuiti che possono essere utilizzati nei progetti, anche al di fuori di YouTube.

È importante verificare le licenze degli audio che scarichi e assicurarti di rispettare le condizioni d'uso specificate da ogni risorsa. In alcuni casi, potrebbe essere necessario accreditare l'autore o richiedere un permesso esplicito per l'utilizzo commerciale.

Inoltre, molti software di editing audio offrono librerie di suoni predefinite che possono essere utilizzate per creare effetti sonori personalizzati. Ad esempio, software come Audacity (https://www.audacityteam.org/) o Adobe Audition (https://www.adobe.com/products/audition.html) includono una selezione di effetti sonori e strumenti per la creazione di suoni.

Ricorda sempre di rispettare i diritti d'autore e di utilizzare i file audio solo secondo le condizioni specificate dalle risorse da cui li hai ottenuti.

"Explore the treacherous depths of Spelunky." - Spelunky

Capitolo 9: Ottimizzazione e tecniche di Debugging del Tuo Gioco Platform

Nel capitolo nove, esploreremo le tecniche di ottimizzazione e debugging per migliorare le prestazioni e la stabilità del nostro gioco platform. Discuteremo i principi di ottimizzazione del codice JavaScript, concentrandoci su come ottimizzare il nostro codice per renderlo più efficiente e veloce. Esamineremo inoltre la gestione della memoria e delle risorse, imparando come gestire in modo ottimale le risorse del sistema per migliorare le prestazioni complessive del gioco.

Successivamente, approfondiremo le tecniche di debugging in JavaScript e nei motori fisici, scoprendo strumenti e metodi per identificare e risolvere bug e problemi nel nostro codice. Esploreremo i diversi approcci di debugging, dalla console di sviluppo ai test di unità e ai tool di profiling, fornendo una panoramica completa delle migliori pratiche per individuare e risolvere gli errori nel nostro gioco.

Infine, affronteremo il testing dell'equilibrio di gioco e della difficoltà. Esploreremo strategie e metodologie per testare l'esperienza di gioco, valutando l'equilibrio tra sfida e divertimento per garantire un'esperienza gratificante per i giocatori. Useremo strumenti di analisi e feedback dei giocatori per ottimizzare il bilanciamento del gioco e apportare eventuali miglioramenti.

Questo capitolo sarà fondamentale per garantire che il nostro gioco platform sia ottimizzato, privo di bug e offra un'esperienza di gioco bilanciata e coinvolgente per i giocatori.

Principi di Ottimizzazione del Codice JavaScript

Quando si sviluppa un gioco, l'ottimizzazione del codice è fondamentale per garantire un'esperienza di gioco fluida e reattiva. In particolare, nel contesto del linguaggio JavaScript utilizzato per lo sviluppo di giochi web, esistono alcune tecniche e principi di base che possono aiutare a ottimizzare l'esecuzione del codice e migliorare le prestazioni complessive del gioco.

1. **Minimizzazione e Compressione**: Una delle prime tecniche di ottimizzazione consiste nella minimizzazione e compressione del codice JavaScript. Ciò comporta la rimozione di spazi, commenti e caratteri superflui, nonché la compressione del codice per ridurne la dimensione complessiva. Questo permette di ridurre i tempi di caricamento del gioco e migliorare l'efficienza dell'esecuzione.

2. **Ottimizzazione del Rendering**: Il rendering è un aspetto critico per i giochi platform. È importante ottimizzare il rendering degli elementi grafici, riducendo al minimo il numero di disegni e aggiornamenti del canvas. Questo può essere ottenuto mediante l'utilizzo di tecniche come il batching, che consiste nel raggruppare elementi grafici simili per ridurre il numero di chiamate di disegno.

3. **Gestione della Memoria**: Un'altra area di ottimizzazione importante è la gestione della memoria. È fondamentale evitare sprechi di memoria, ad esempio eliminando oggetti non utilizzati o liberando risorse dopo il loro utilizzo. L'uso corretto delle variabili e la minimizzazione dell'allocation di memoria possono contribuire a migliorare le prestazioni complessive del gioco.

4. **Ottimizzazione degli Algoritmi**: La scelta degli algoritmi giusti può fare una grande differenza nelle prestazioni del gioco. È importante utilizzare algoritmi efficienti per operazioni comuni come la gestione delle collisioni, il calcolo delle traiettorie o la generazione di livelli. Ottimizzare gli algoritmi può portare a un notevole miglioramento delle prestazioni complessive del gioco.

5. **Test e Profiling**: Infine, è essenziale testare e profilare il gioco per identificare eventuali aree di debolezza o punti critici in termini di prestazioni. L'utilizzo di strumenti di profilazione può fornire informazioni dettagliate sulle parti del codice che richiedono un'ottimizzazione. Questo permette di concentrare gli sforzi di ottimizzazione nelle aree più critiche e ottenere un miglioramento complessivo delle prestazioni.

Tenendo presente questi principi di ottimizzazione del codice JavaScript e applicandoli al tuo gioco platform, potrai ottenere una migliore esperienza di gioco, garantendo una maggiore fluidità e reattività nel gameplay.

Gestione della memoria e delle risorse

La gestione della memoria e delle risorse è un aspetto fondamentale nell'ottimizzazione del tuo gioco platform. È importante utilizzare in modo efficiente la memoria disponibile e gestire correttamente le risorse del gioco per evitare sprechi e garantire prestazioni ottimali. Ecco alcuni suggerimenti per una corretta gestione:

1. **Rilascio delle risorse**: Assicurati di rilasciare le risorse non più necessarie durante il gameplay. Ad esempio, se hai creato oggetti grafici o audio per una determinata scena o livello, assicurati di eliminarli quando non sono più visibili o utilizzati. In questo modo, liberi spazio in memoria per altre risorse e contribuisci a mantenere basso l'utilizzo delle risorse.
2. **Caching delle risorse**: Quando possibile, considera l'utilizzo di caching per le risorse frequentemente utilizzate. Ad esempio, puoi memorizzare in memoria le immagini, i suoni o altri asset comuni che vengono ripetutamente utilizzati nel gioco. In questo modo, eviti di dover caricare e decodificare le risorse ogni volta che sono necessarie, migliorando le prestazioni complessive del gioco.
3. **Gestione delle animazioni**: Le animazioni possono richiedere una quantità significativa di risorse, soprattutto se sono complesse o coinvolgono molti frame. È importante ottimizzare la gestione delle

animazioni, limitando il numero di frame o utilizzando tecniche di compressione per ridurre le dimensioni dei file. Inoltre, considera l'uso di animazioni sprite sheet, che combinano tutti i frame in un'unica immagine, riducendo così il numero di richieste di caricamento e migliorando le prestazioni.

4. **Ottimizzazione delle immagini**: Le immagini possono rappresentare una parte significativa delle risorse utilizzate dal gioco. È importante ottimizzare le immagini, riducendo le dimensioni dei file senza compromettere la qualità visiva. Puoi utilizzare strumenti di compressione delle immagini, come Adobe Photoshop o software online, per ridurre la dimensione dei file senza perdere troppi dettagli visivi.

5. **Pianificazione delle risorse**: Una pianificazione oculata delle risorse può aiutarti a gestire in modo efficiente l'utilizzo della memoria. Ad esempio, puoi caricare inizialmente solo le risorse necessarie per il livello corrente, caricando le altre risorse in modo dinamico man mano che il giocatore avanza nel gioco. In questo modo, eviti di sovraccaricare la memoria con risorse non utilizzate e ottimizzi l'uso delle risorse disponibili.

La corretta gestione della memoria e delle risorse contribuirà a mantenere il tuo gioco platform leggero, reattivo ed efficiente dal punto di vista delle prestazioni. Ricorda di valutare attentamente l'utilizzo delle risorse durante lo sviluppo del gioco e apportare le necessarie ottimizzazioni per offrire un'esperienza di gioco fluida e coinvolgente.

Tecniche di Debugging in JavaScript e nei Motori Fisici

Il debugging è un processo essenziale durante lo sviluppo di un gioco platform. Consiste nel rilevare e risolvere gli errori, i bug e i problemi di prestazioni nel codice JavaScript e nei motori fisici utilizzati. Ecco alcune tecniche di debugging che puoi utilizzare:

1. **Console di debug**: La console di debug del browser è uno strumento potente per il debugging in JavaScript. Puoi utilizzare comandi come `console.log()` per stampare messaggi di debug sulla console e monitorare il flusso di esecuzione del codice. Puoi visualizzare variabili, oggetti e messaggi di errore per comprendere meglio ciò che accade nel tuo gioco.

2. **Breakpoints**: I breakpoints sono punti di interruzione che puoi impostare nel tuo codice per interrompere l'esecuzione in un determinato punto e analizzare lo stato delle variabili e del flusso di esecuzione. Puoi impostare i breakpoints direttamente nel debugger del tuo browser e esaminare passo dopo passo l'esecuzione del codice per individuare errori o comportamenti indesiderati.

3. **Visualizzazione dello stato**: Durante il debugging, è utile avere una visione chiara dello stato del gioco e delle variabili. Puoi utilizzare il debugger del browser per visualizzare le variabili, le proprietà degli oggetti e le informazioni sullo stack di chiamate. Questo ti aiuterà a identificare le cause degli errori e a comprendere meglio il flusso di esecuzione del tuo gioco.

4. **Strumenti di profiling**: I motori fisici come Matter.js spesso forniscono strumenti di profiling per analizzare le prestazioni del gioco e individuare eventuali aree di ottimizzazione. Puoi utilizzare questi strumenti per misurare i tempi di esecuzione delle funzioni, l'utilizzo della CPU e della memoria, e identificare eventuali problemi di prestazioni che possono rallentare il tuo gioco.

5. **Test e controlli**: Durante lo sviluppo, è importante effettuare test e controlli per verificare il corretto funzionamento del tuo gioco. Puoi creare scenari di gioco specifici per riprodurre determinati problemi e controllare che il comportamento sia conforme alle aspettative. Puoi anche utilizzare framework di testing come Mocha o Jest per automatizzare i test e verificare che il codice funzioni correttamente.

Utilizzando queste tecniche di debugging, sarai in grado di individuare e risolvere gli errori nel tuo codice JavaScript e nei motori fisici. Ricorda di testare e debuggare il tuo gioco in diverse situazioni e su diversi dispositivi per garantire un'esperienza di gioco ottimale per tutti i giocatori.

Strumenti e metodi per il debugging e il profiling del gioco

Durante lo sviluppo del tuo gioco platform, ci sono diversi strumenti e metodi che puoi utilizzare per il debugging e il profiling del tuo codice. Ecco alcuni di essi:

1. **Strumenti di debugging del browser**: I browser moderni offrono strumenti di debugging avanzati che ti consentono di ispezionare il codice, monitorare le variabili, eseguire il codice passo dopo passo e analizzare gli errori. Puoi utilizzare il pannello "Debugger" del tuo browser per impostare i breakpoints, esaminare lo stack di chiamate e controllare lo stato delle variabili durante l'esecuzione del gioco.

2. **Console di debug**: La console di debug del browser è uno strumento essenziale per il debugging in JavaScript. Puoi utilizzare il metodo `console.log()` per stampare messaggi di debug sulla console e visualizzare variabili, oggetti o messaggi di errore. Puoi anche utilizzare metodi come `console.warn()` e `console.error()` per segnalare avvisi o errori nel tuo codice.

3. **Strumenti di profiling**: I motori fisici come Matter.js spesso forniscono strumenti di profiling che ti consentono di analizzare le prestazioni del gioco. Questi strumenti ti permettono di misurare i tempi di esecuzione delle funzioni, l'utilizzo della CPU, l'allocazione della memoria e altre metriche di prestazione. Puoi utilizzare queste informazioni per identificare le parti del tuo codice che richiedono ottimizzazione e migliorare le prestazioni complessive del gioco.

4. **Test e controlli**: È importante effettuare test e controlli durante lo sviluppo del gioco per identificare eventuali bug o problemi. Puoi utilizzare framework di testing come Mocha, Jest o Jasmine per scrivere e eseguire test automatizzati sul tuo codice. Questi test ti

aiuteranno a verificare che le funzionalità del gioco funzionino come previsto e a individuare eventuali errori o comportamenti indesiderati.

5. **Strumenti di monitoraggio delle prestazioni**: Esistono strumenti di monitoraggio delle prestazioni specifici che ti consentono di analizzare le prestazioni del tuo gioco in tempo reale. Questi strumenti ti mostrano informazioni come l'utilizzo della CPU, l'utilizzo della memoria, il numero di frame al secondo e altre metriche di prestazione. Puoi utilizzare questi strumenti per individuare eventuali colli di bottiglia e ottimizzare il tuo codice per garantire un'esperienza di gioco fluida.

Utilizzando questi strumenti e metodi di debugging e profiling, sarai in grado di individuare e risolvere eventuali errori nel tuo codice, migliorare le prestazioni del tuo gioco e offrire un'esperienza di gioco ottimale ai tuoi giocatori.

Identificazione e risoluzione dei bug

Durante lo sviluppo del tuo gioco platform, è inevitabile incontrare dei bug, ossia degli errori o comportamenti indesiderati nel tuo codice. L'identificazione e la risoluzione dei bug sono una parte fondamentale del processo di sviluppo e richiedono un approccio sistematico. Ecco alcuni suggerimenti per identificare e risolvere i bug nel tuo gioco:

1. **Riproduzione del bug**: Per risolvere un bug, è importante essere in grado di riprodurlo in modo coerente. Cerca di individuare le azioni o le condizioni specifiche che portano all'insorgenza del bug e ripeti quelle azioni per verificarne la presenza. Isola il problema e identifica i fattori chiave che lo scatenano.

2. **Analisi del codice**: Una volta individuata la parte del codice in cui si verifica il bug, analizzala attentamente per identificare eventuali errori di logica, errori di sintassi o possibili problemi di flusso di esecuzione. Utilizza gli strumenti di debugging per monitorare il valore delle variabili e controllare il flusso di esecuzione del codice.

3. **Output di debug**: Utilizza i messaggi di debug come `console.log()` per visualizzare informazioni utili sulla console del browser. Puoi inserire messaggi di debug in punti strategici del tuo codice per monitorare il valore delle variabili, verificare l'esecuzione delle funzioni e identificare eventuali discrepanze.

4. **Test sistematici**: Esegui test sistematici sul tuo gioco per verificare il corretto funzionamento delle diverse funzionalità. Crea scenari di test che coprano tutti gli aspetti del gioco e verifica se le azioni degli utenti producono i risultati attesi. Utilizza framework di testing come Mocha o Jest per automatizzare i test e identificare rapidamente eventuali malfunzionamenti.

5. **Feedback degli utenti**: Se hai la possibilità, coinvolgi gli utenti nel processo di testing del tuo gioco. Raccogli il loro feedback e le segnalazioni di eventuali bug che incontrano durante il gameplay. Questo feedback è prezioso per identificare e risolvere i problemi che potresti non aver notato durante lo sviluppo.

6. **Versionamento del codice**: Utilizza un sistema di controllo versione come Git per tenere traccia delle modifiche apportate al codice. In questo modo, se riscontri un bug in una versione successiva del tuo gioco, sarai in grado di confrontare le modifiche apportate al codice e individuare la causa del problema.

Risolvere i bug nel tuo gioco richiede tempo, pazienza e una buona dose di problem solving. Mantieni una mentalità analitica e approccia i problemi uno alla volta. Con un'attenta identificazione e risoluzione dei bug, sarai in grado di migliorare continuamente la qualità e l'esperienza del tuo gioco.

Testing dell'equilibrio di gioco e della difficoltà

Oltre alla correzione di bug, un aspetto cruciale nello sviluppo di un gioco platform è il testing dell'equilibrio di gioco e della difficoltà. Questo processo implica l'analisi e l'ottimizzazione degli elementi di gioco, come i nemici, gli ostacoli, le ricompense e le meccaniche di gioco, al fine di creare un'esperienza bilanciata e sfidante per i giocatori. Ecco alcune considerazioni e metodi per testare l'equilibrio di gioco e la difficoltà:

1. **Iterazione e feedback**: Coinvolgi giocatori beta o un gruppo di tester nel processo di test. Chiedi loro di giocare il tuo gioco e fornire feedback sulla difficoltà, l'equilibrio e la progressione del gioco. Osserva attentamente le loro reazioni, le sfide che affrontano e le loro opinioni sul livello di difficoltà. Questo feedback ti aiuterà a identificare eventuali sbilanciamenti e a fare le opportune modifiche.

2. **Gradualità della difficoltà**: Assicurati che la difficoltà del gioco aumenti gradualmente nel corso dei livelli o delle fasi. Evita salti improvvisi di difficoltà che potrebbero frustrare i giocatori. Introduce nuove meccaniche e sfide in modo progressivo per permettere ai giocatori di acquisire le abilità necessarie per affrontarle.

3. **Bilanciamento degli elementi di gioco**: Assicurati che i nemici, gli ostacoli e le ricompense siano bilanciati in modo appropriato. I nemici dovrebbero rappresentare una sfida adeguata, ma non eccessivamente frustrante. Gli ostacoli dovrebbero richiedere abilità e strategia per superarli, ma non essere impossibili da superare. Le ricompense dovrebbero essere gratificanti, ma non rendere il gioco troppo facile.

4. **Test multipli**: Effettua test ripetuti per valutare l'equilibrio di gioco e la difficoltà. Prova diverse strategie di gioco, utilizza personaggi o oggetti diversi e gioca in modo aggressivo o difensivo per valutare come le diverse scelte influenzano l'esperienza di gioco.

5. **Raccolta e analisi dei dati**: Utilizza strumenti di tracciamento e analisi dei dati per raccogliere informazioni sulle prestazioni dei giocatori, il tempo di completamento dei livelli e altri parametri rilevanti. Questi dati ti aiuteranno a identificare eventuali disuguaglianze nel bilanciamento di gioco e a prendere decisioni basate su dati concreti.

6. **Rifinitura costante**: Il testing dell'equilibrio di gioco e della difficoltà è un processo continuo. Anche dopo il rilascio del gioco, monitora attentamente il feedback dei giocatori e le metriche di gioco per apportare eventuali modifiche e miglioramenti. Un gioco bilanciato e ben calibrato garantirà una migliore esperienza di gioco e la soddisfazione dei giocatori.

Testare l'equilibrio di gioco e la difficoltà richiede una combinazione di osservazione, analisi e iterazione. Prenditi il tempo necessario per testare attentamente il tuo gioco e lavorare costantemente per migliorare e ottimizzare l'esperienza di gioco per i tuoi giocatori.

"Embark on a breathtaking journey in Ori and the Blind Forest." - Ori and the Blind Forest

Capitolo 10: Conclusioni e prossimi passi

Riassunto dei concetti chiave appresi nel libro:

Durante il corso di questo libro, abbiamo esplorato i principi fondamentali dello sviluppo di un gioco platform utilizzando JavaScript e un motore grafico e fisico 2D. Ecco un riassunto dei concetti chiave che abbiamo appreso:

1. **Creazione di oggetti fisici**: Abbiamo imparato a utilizzare la libreria Matter.js per creare poligoni e oggetti fisici nel nostro gioco platform. Questo ci ha permesso di gestire le collisioni, la gravità e altre interazioni fisiche all'interno dell'ambiente di gioco.

2. **Movimento e input del giocatore**: Abbiamo esplorato come gestire il movimento del giocatore utilizzando i comandi della tastiera. Siamo stati in grado di implementare salti, spostamenti orizzontali e altre azioni del giocatore, garantendo una risposta fluida e intuitiva.

3. **Livelli e piattaforme**: Abbiamo imparato a creare livelli multipli all'interno del nostro gioco platform, utilizzando piattaforme per creare percorsi e ostacoli. Abbiamo anche esaminato tecniche per il posizionamento dei livelli e la gestione delle collisioni tra il giocatore e le piattaforme.

4. **Intelligenza artificiale dei nemici**: Abbiamo introdotto l'intelligenza artificiale per i nemici nel nostro gioco, consentendo loro di muoversi in autonomia.

5. **Suono ed effetti**: Abbiamo scoperto l'importanza del suono nel gioco e come creare e gestire effetti sonori utilizzando JavaScript. Abbiamo anche imparato come usare una musica di sottofondo per creare un'atmosfera coinvolgente nel nostro gioco.

6. **Ottimizzazione e debugging**: Abbiamo esaminato principi di ottimizzazione del codice JavaScript per migliorare le prestazioni del gioco e ridurre il consumo di risorse. Abbiamo anche esplorato

tecniche di debugging per identificare e risolvere bug e problemi nel nostro codice.

Questi concetti chiave ci hanno fornito una solida base per lo sviluppo di un gioco platform coinvolgente e divertente. Con il giusto equilibrio tra creatività, abilità di programmazione e attenzione ai dettagli, siamo pronti per esplorare ulteriori possibilità e perfezionamenti nel nostro gioco platform.

Suggerimenti per il perfezionamento e l'estensione del gioco platform

Oltre ai concetti chiave che abbiamo già esplorato, ci sono molte altre possibilità per perfezionare ed estendere il nostro gioco platform.

Ecco alcuni suggerimenti:

1. **Disegno di livelli con programmi di grafica ed esportazione SVG per Matter.js**: Utilizzare software di grafica per creare livelli dettagliati e complessi. Esportare i livelli come file SVG e importarli in Matter.js per creare piattaforme e ostacoli realistici.

2. **Programmazione del comportamento del nemico e delle liane**: Sperimentare con algoritmi e strategie per rendere il comportamento dei nemici e delle liane più intelligente e impegnativo. Aggiungere pattern di movimento, attacchi speciali o reazioni al giocatore per creare sfide uniche.

3. **Aggiunta di effetti grafici e alpha blending**: Utilizzare le capacità grafiche del motore di gioco per aggiungere effetti visivi come luci, ombre, particelle o transizioni fluide tra le scene. Sperimentare con alpha blending per creare effetti di trasparenza e sovrapposizioni di immagini.

4. **Utilizzo delle rocce per colpire e causare danni ai nemici e alle liane**: Implementare la possibilità per il giocatore di raccogliere e lanciare rocce contro i nemici e le liane. Definire le regole di collisione e l'effetto del lancio delle rocce per creare dinamiche di combattimento interessanti.

5. **Utilizzo di sprite per ogni tipo di azione del giocatore**: Creare e utilizzare sprite animati per rappresentare diverse azioni del giocatore, come corsa, salto, combattimento, ecc. Sperimentare con diversi frame di animazione per dare vita al personaggio del giocatore.

6. **Modalità multiplayer**: Esplorare la possibilità di aggiungere una modalità multiplayer al gioco platform. Consentire a più giocatori di sfidarsi, collaborare o competere tra loro all'interno dello stesso ambiente di gioco.

7. **Gestione della telecamera**: Implementare un sistema di gestione della telecamera per seguire il giocatore in modo fluido durante il gioco. Assicurarsi che la telecamera si sposti in modo appropriato quando il giocatore si muove attraverso i livelli e le scene.

8. **Sfide e livelli bonus**: Aggiungi sfide extra o livelli bonus che presentano nuove meccaniche di gioco o obiettivi speciali. Questi livelli possono offrire ricompense extra o premi speciali per i giocatori che riescono a superarli, aumentando così la longevità e l'interesse del gioco.

9. **Personalizzazione del personaggio**: Permetti ai giocatori di personalizzare il loro personaggio, consentendo loro di scegliere tra una varietà di abilità, aspetto, equipaggiamento o abbigliamento. Questa personalizzazione può offrire vantaggi strategici o semplicemente consentire ai giocatori di esprimere la propria creatività nel design del proprio personaggio.

10. **Livelli generati proceduralmente**: Crea un sistema per generare livelli in modo casuale o procedurale ad ogni nuova partita. Questo permette ai giocatori di sperimentare un'esperienza di gioco diversa ogni volta che giocano, aumentando la rigiocabilità e l'elemento di sorpresa.Questi suggerimenti aprono molte possibilità creative per migliorare ed espandere il nostro gioco platform. Sperimenta, prova nuove idee e ricorda di mantenere un equilibrio tra la complessità del gioco e la sua giocabilità per offrire un'esperienza coinvolgente ai giocatori.

La Piattaforma Mobile e il Dono Misterioso

Arrivati a questo punto è doveroso porsi una domanda: che tipo di platform potremmo aver creato senza l'aggiunta di una affascinante Piattaforma Mobile e un Antico Manufatto Alieno? Per questo motivo, lasciatemi presentarvi un piccolo bonus che arricchirà ulteriormente la vostra esperienza di gioco: l'opportunità di interagire con una Piattaforma Mobile e di raccogliere su di essa un prezioso Manufatto Alieno.

Le Piattaforme Mobili introdurranno una nuova dimensione di sfida al vostro gioco platform. Queste piattaforme si muoveranno lungo un percorso predefinito, richiedendovi di saltare abilmente su di esse per raggiungere nuove zone e scoprire segreti nascosti. Mettete alla prova la vostra destrezza e trovate il giusto tempismo per sfruttare al massimo queste piattaforme in movimento.

Con l'aggiunta delle Piattaforme Mobili, il vostro gioco platform assumerà una nuova dimensione, piena di sorprese e sfide da affrontare. Preparatevi a offrire e vivere un'esperienza di gioco unica, arricchita da nuove emozioni e scoperte entusiasmanti.

Come primo passo, definiamo la piattaforma:

```
// definisco piattaforma mobile
const platform = Bodies.rectangle(600, 200, 100, 30,
  {
    isStatic: true,
    chamfer: 10,
    render: {
      visible: false,
      fillStyle: "#FFFF00"
    }
});

// aggiungo piattaforma mobile
Composite.add(engine.world, [platform]);
```

Il codice sopra definito crea una piattaforma mobile nel gioco. Viene utilizzata la funzione `Bodies.rectangle()` del modulo Matter.js per creare un oggetto fisico rettangolare che rappresenta la piattaforma. Le coordinate `(600, 200)` specificano la posizione della piattaforma nel mondo di gioco, mentre i valori `100` e `30` indicano rispettivamente la larghezza e l'altezza della piattaforma.

Il parametro `isStatic` viene impostato su `true` per indicare che la piattaforma è statica, cioè non è influenzata dalla gravità o da altre forze fisiche. Il parametro `chamfer` specifica il raggio dell'angolo smussato dei bordi del rettangolo, conferendo alla piattaforma una forma arrotondata.

Nel campo `render`, viene impostata la visibilità della piattaforma su `false`, in modo che non sia visibile nel gioco. La proprietà `fillStyle` definisce il colore di riempimento della piattaforma, in questo caso un giallo brillante (#FFFF00).

Infine, la piattaforma viene aggiunta al mondo di gioco utilizzando la funzione `Composite.add()`, passando l'oggetto `platform` come parametro. Ciò la rende parte dell'ambiente di gioco fisico, consentendo al giocatore di interagire con essa.

Poi definiamo il movimento:

```
// muovo la piattaforma
Events.on(engine, 'beforeUpdate', function()
{
  if (engine.timing.timestamp < 1500)
  {
    return
  }

  var px = 600 + 100 * Math.sin((engine.timing.timestamp - 1500) * 0.001)

  Body.setPosition(platform, { x: px, y: platform.position.y }, true)
});
```

Il codice fornito gestisce il movimento della piattaforma nel gioco. Utilizza l'evento `beforeUpdate` del motore Matter.js per eseguire una funzione ogni volta che viene aggiornato il motore fisico.

All'interno della funzione, viene controllato se il valore `timestamp` del motore è inferiore a 1500. Se lo è, la funzione viene interrotta e non viene eseguito alcun movimento della piattaforma. Questo serve per aspettare un certo periodo di tempo prima di iniziare il movimento.

Successivamente, viene calcolata la nuova posizione orizzontale `px` della piattaforma. Viene utilizzata una formula che coinvolge il valore del `timestamp` sottratto per 1500 e moltiplicato per 0.001. Questa operazione crea una variazione nel tempo che influenza la posizione orizzontale della piattaforma. Nel codice fornito, viene utilizzata la funzione `Math.sin()` per ottenere un andamento sinusoidale.

Infine, utilizzando la funzione `Body.setPosition()`, la posizione della piattaforma viene aggiornata con la nuova posizione calcolata `px`, mantenendo invariata la posizione verticale `y` della piattaforma. Il terzo parametro `true` indica che si desidera applicare il cambiamento di posizione in modo "forzato".

In sintesi, il codice fa muovere la piattaforma in un movimento sinusoidale orizzontale nel tempo, aggiornando la sua posizione ad ogni aggiornamento del motore fisico.

Ma quando questa piattaforma e soprattutto l'antico manufatto, che chiameremo "regalo", vengono resi visibili? All'interno della function stopShakeEffect() che andiamo subito a ridefinire.

```
// seconda volta che entro qui, accendo la luce!
switch1IsOn = true
switcONcircle.render.visible = true

// la piattaforma bonus è ora visibile
platform.render.visible = true

// definisco regalo
const gift = Bodies.rectangle(platform.position.x, platform.position.y - 16,
                              16, 16,
  {
    render: {
      visible: false,
      sprite: {
        texture: giftSprite
      }
    }
});

// aggiungo regalo
Composite.add(engine.world, [gift]);

// il gift ora è visibile
gift.render.visible = true
```

Innanzitutto, viene impostato il flag `visible` del render della piattaforma su `true`, rendendola visibile. Questo assicura che la piattaforma bonus sia visibile nel gioco.

Successivamente, viene definito il "regalo" bonus utilizzando la funzione `Bodies.rectangle()`. Viene specificata la posizione del regalo in base alla posizione della piattaforma bonus, leggermente spostata verso l'alto (`platform.position.y - 16`). La dimensione del regalo è impostata su 16x16.

All'interno delle opzioni di rendering del regalo, viene specificato che inizialmente il regalo non è visibile (`visible: false`) e viene fornita una texture (`giftSprite`) per rappresentare l'aspetto del regalo.

Successivamente, il regalo viene aggiunto al mondo di Matter.js utilizzando la funzione `Composite.add()`. Ciò consente al regalo di essere gestito dal motore fisico.

Infine, viene impostato il flag `visible` del render del regalo su `true`, rendendolo visibile nel gioco.

Ora, accendi il computer di controllo, attiva lo switch e vai a prendere il tuo antico dono alieno!

Nota: puoi modificare il codice per far muovere la piattaforma in verticale e realizzare un ascensore!

"Enter a hand-drawn world of challenging battles in Cuphead." - Cuphead

Appendice

Codice sorgente completo del gioco Platform sviluppato nel libro

platform.html

```html
<!doctype html>
<html>
    <head>
        <meta charset="UTF-8">
        <title>Platform 0.1</title>
    </head>
    <body>

        <canvas id="platform_canvas"></canvas>

        <script src="js/decomp.js"></script>

        <script src="js/matter.js"></script>

        <script src="js/howler.core.js"></script>

        <script src="js/constants.js"></script>

        <script src="js/platform.js"></script>

    </body>
</html>
```

constants.js, platform.js

Per accedere al codice completo del gioco platform sviluppato nel libro, visita il seguente repository dedicato:

https://github.com/uiisse/platform.git

Implementazione di oggetti ed entità di base con BOX2D

Creazione di un poligono:

```
// Definisci i vertici del poligono
const vertices = [
  new box2d.b2Vec2(0, -1),
  new box2d.b2Vec2(1, 0),
  new box2d.b2Vec2(0, 1),
  new box2d.b2Vec2(-1, 0)
];

// Crea un oggetto b2PolygonShape
const polygonShape = new box2d.b2PolygonShape();
polygonShape.Set(vertices, vertices.length);
```

Creazione di un rettangolo:

```
// Definisci le dimensioni del rettangolo
const width = 2;
const height = 1;

// Crea un oggetto b2PolygonShape
const rectangleShape = new box2d.b2PolygonShape();
rectangleShape.SetAsBox(width / 2, height / 2);
```

Creazione di un cerchio:

```
// Definisci il raggio del cerchio
const radius = 1;

// Crea un oggetto b2CircleShape
const circleShape = new box2d.b2CircleShape(radius);
```

Creazione di una corda:

```
// Crea i corpi per i punti di ancoraggio
const bodyA = createBody(positionA);
const bodyB = createBody(positionB);

// Definisci i punti di ancoraggio
const anchorA = new box2d.b2Vec2(0, 0);
const anchorB = new box2d.b2Vec2(0, 0);

// Crea un oggetto b2DistanceJointDef per il constraint della corda
const jointDef = new box2d.b2DistanceJointDef();
jointDef.Initialize(bodyA, bodyB, anchorA, anchorB);

// Imposta le proprietà desiderate per il constraint della corda
jointDef.length = distance;
jointDef.frequencyHz = frequency;
jointDef.dampingRatio = dampingRatio;

// Crea il constraint della corda
const ropeJoint = world.CreateJoint(jointDef);
```

Risorse aggiuntive per ulteriori approfondimenti

Git

Git è un sistema di controllo versione distribuito ampiamente utilizzato nel campo dello sviluppo software. Fornisce una soluzione potente e flessibile per il tracciamento delle modifiche apportate al codice sorgente e la gestione collaborativa dei progetti. Ecco alcuni concetti chiave e vantaggi di Git:

1. Controllo versione distribuito: A differenza dei sistemi di controllo versione centralizzati, Git è distribuito, il che significa che ogni sviluppatore ha una copia completa dell'intero repository sul proprio computer locale. Questo consente di lavorare offline, fare commit delle modifiche locali e sincronizzare le modifiche con il repository remoto in seguito.

2. Branching e merging: Git facilita la creazione di branch separati per sviluppare nuove funzionalità o correggere bug senza influire sul ramo principale (solitamente denominato "master" o "main"). I branch consentono di lavorare in modo isolato e di sperimentare senza intaccare il codice principale. Successivamente, è possibile unire (merge) i branch per incorporare le modifiche nel ramo principale.

3. Storia delle modifiche e tracciabilità: Git tiene traccia di tutte le modifiche apportate al codice sorgente nel tempo. Questo significa che è possibile esplorare la cronologia dei commit, visualizzare le differenze tra le versioni e ripristinare lo stato del codice a un punto precedente. Questa funzionalità è estremamente utile per il debugging, il rollback delle modifiche indesiderate e il rilevamento delle cause di bug.

4. Collaborazione e gestione dei conflitti: Git semplifica la collaborazione tra i membri del team. Ogni sviluppatore può lavorare in modo indipendente sui propri branch e successivamente integrare le modifiche tramite il processo di merging. In caso di conflitti tra le

modifiche apportate da più sviluppatori, Git offre strumenti per risolvere tali conflitti in modo efficace.

5. Repository remoto: Git consente di ospitare il repository in un server remoto, come GitHub, GitLab o Bitbucket. Questo offre vantaggi come il backup del codice, la condivisione del lavoro con altri sviluppatori, la collaborazione su larga scala e la possibilità di contribuire a progetti open source.

Per utilizzare Git, è necessario familiarizzare con i comandi di base, come `init`, `clone`, `add`, `commit`, `push`, `pull` e `merge`. Inoltre, è possibile utilizzare interfacce grafiche utente (GUI) come GitKraken, SourceTree o GitHub Desktop per semplificare l'interazione con Git.

Git offre molte altre funzionalità avanzate, come le funzionalità di stash per gestire temporaneamente le modifiche, le etichette per contrassegnare specifici punti di rilascio e le sottopagine per gestire repository più grandi e complessi.

La conoscenza di Git è un'abilità preziosa per gli sviluppatori software, in quanto consente di tenere traccia delle modifiche, lavorare in modo collaborativo, gestire i progetti in modo efficiente e garantire la stabilità e l'integrità del codice. Investire del tempo nell'apprendimento di Git e nell'utilizzo di buone pratiche di gestione del codice può migliorare significativamente il flusso di lavoro e la produttività nello sviluppo di software.

JavaScript

JavaScript è un linguaggio di programmazione ampiamente utilizzato per lo sviluppo di applicazioni web interattive. È un linguaggio di scripting leggero e ad alto livello che può essere eseguito direttamente all'interno di un browser web senza la necessità di plugin aggiuntivi. Ecco alcuni concetti chiave e vantaggi di JavaScript:

1. Linguaggio di programmazione lato client: JavaScript viene eseguito sul lato client, cioè all'interno del browser dell'utente. Ciò consente di creare esperienze interattive e dinamiche sulle pagine web, rendendo

possibile l'interazione con gli elementi della pagina, la manipolazione del DOM (Document Object Model) e la gestione degli eventi.

2. Ampio supporto e adozione diffusa: JavaScript è supportato da tutti i principali browser web, rendendolo uno standard de facto per lo sviluppo web. È ampiamente adottato sia dalla comunità di sviluppatori che dalle grandi aziende tecnologiche, il che significa che è possibile trovare una vasta gamma di risorse, documentazione e librerie di terze parti per facilitare lo sviluppo.

3. Flessibilità e dinamicità: JavaScript è un linguaggio flessibile e dinamico, il che significa che è possibile scrivere codice che si adatta e si modifica in base alle condizioni e alle interazioni dell'utente. Questo consente di creare interfacce utente reattive, animazioni, form di validazione e molto altro ancora.

4. Interazione con API e servizi esterni: JavaScript consente di comunicare con API esterne e servizi web utilizzando chiamate asincrone come AJAX (Asynchronous JavaScript and XML). Questo apre le porte all'integrazione con servizi di terze parti, come i social media, le mappe, i servizi di pagamento e molto altro ancora.

5. Framework e librerie: JavaScript offre una vasta gamma di framework e librerie per semplificare lo sviluppo di applicazioni web complesse. Alcuni esempi famosi sono Angular, React e Vue.js per lo sviluppo front-end, mentre per lo sviluppo back-end è popolare Node.js.

6. Estendibilità: JavaScript può essere esteso con l'utilizzo di librerie e plugin. Ciò consente di aggiungere funzionalità avanzate al linguaggio stesso o di utilizzare librerie esterne per semplificare determinate operazioni, come la manipolazione dei dati, la creazione di grafici o la gestione delle animazioni.

7. Portabilità: Poiché JavaScript può essere eseguito all'interno di un browser, le applicazioni sviluppate in JavaScript sono generalmente portabili su diverse piattaforme, inclusi dispositivi desktop, dispositivi mobili e tablet.

JavaScript è un linguaggio di programmazione versatile e potente che ha rivoluzionato il modo in cui vengono sviluppate le applicazioni web. La sua flessibilità, ampia adozione e vasta gamma di risorse rendono JavaScript uno strumento indispensabile per gli sviluppatori che desiderano creare esperienze utente coinvolgenti e interattive sul web. Investire tempo nell'apprendimento e nella pratica di JavaScript può aprire molte opportunità nello sviluppo software e consentire di creare applicazioni web moderne e di successo.

Attribuzioni e Licenze di Terze Parti

Matter.js

Il framework Matter.js è un motore di fisica 2D open-source utilizzato per la simulazione di oggetti fisici e collisioni all'interno di un ambiente di gioco. Ecco alcune informazioni relative a Matter.js:

Matter.js utilizza la licenza MIT, che consente un uso flessibile e libero del framework. È possibile consultare la licenza completa sul repository ufficiale di Matter.js su GitHub.

https://github.com/liabru/matter-js/blob/master/LICENSE

Il repository ufficiale di Matter.js è ospitato su GitHub, dove è possibile accedere al codice sorgente, alle issue e alle ultime versioni del framework.

https://github.com/liabru/matter-js

Per ulteriori informazioni su come utilizzare Matter.js, è disponibile una documentazione completa che fornisce spiegazioni dettagliate, esempi di codice e guide di riferimento.

https://brm.io/matter-js/docs/

Grazie a Liam, il creatore e divulgatore principale di Matter.js:

https://twitter.com/liabru

howler.js

Il framework howler.js utilizza la licenza MIT. Per ulteriori informazioni sulla licenza, si prega di visitare il repository ufficiale di howler.js su GitHub.

https://github.com/goldfire/howler.js/blob/master/LICENSE.md

https://github.com/goldfire/howler.js.git

https://howlerjs.com/

Decomp.js

Decomp.js è un'implementazione JavaScript del decompressore LZ77, che utilizza una variante della codifica Huffman. Ecco alcune informazioni relative a Decomp.js:

Decomp.js utilizza la licenza MIT, che consente un uso flessibile e libero del framework. È possibile consultare la licenza completa sul repository ufficiale di Decomp.js su GitHub.

https://github.com/schteppe/poly-decomp.js/blob/master/LICENSE

Il repository ufficiale di Decomp.js è ospitato su GitHub, dove è possibile accedere al codice sorgente, alle issue e alle ultime versioni del framework.

https://github.com/schteppe/poly-decomp.js/

Per ulteriori informazioni su come utilizzare Decomp.js, è disponibile una documentazione che fornisce spiegazioni dettagliate, esempi di codice e guide di riferimento.

https://github.com/schteppe/poly-decomp.js/blob/master/README.md

Note e Ringraziamenti finali

Vorrei affrontare alcuni concetti importanti che abbiamo esplorato durante il nostro viaggio attraverso la creazione di un gioco platform.

1. **Le librerie x.min.js vs x.js**: Durante lo sviluppo di un gioco, è comune incontrare librerie JavaScript che sono disponibili in due versioni: x.min.js e x.js. La versione x.min.js è ottimizzata per le prestazioni e ha dimensioni ridotte, poiché è stata ridotta al minimo indispensabile, spesso senza commenti o spazi vuoti. D'altra parte, la versione x.js contiene il codice completo, compresi commenti e spazi vuoti, che possono essere utili per comprendere il funzionamento interno della libreria. Nel contesto di questo libro, che ha lo scopo di fornire un'istruzione dettagliata, utilizzeremo la versione x.js per consentirti di esaminare e comprendere meglio il codice.

2. **Differenza tra let e var**: Durante la scrittura del codice JavaScript, abbiamo utilizzato due dichiarazioni di variabili: let e var. Entrambe le dichiarazioni consentono di creare variabili, ma hanno differenze fondamentali nel loro comportamento. La dichiarazione let è una dichiarazione di blocco che limita la visibilità della variabile all'interno del blocco in cui è dichiarata. Al contrario, la dichiarazione var ha una visibilità di funzione e può essere accessibile in tutto il contesto della funzione in cui è dichiarata. È una pratica consigliata utilizzare let quando è necessario limitare la visibilità di una variabile a un blocco specifico e utilizzare var quando si desidera una visibilità più ampia.

3. **Utilizzo di Bodies.fromVertices**: Durante la creazione di poligoni personalizzati con Matter.js, abbiamo utilizzato la funzione Bodies.fromVertices. Questa funzione richiede un array di oggetti Vector che rappresentano i vertici di un poligono concavo o convesso. È importante notare che l'ordine dei vertici è significativo. Per un poligono convesso, i vertici devono essere elencati in senso antiorario, mentre per un poligono concavo, i vertici devono essere elencati in

senso orario. Seguire correttamente l'ordine dei vertici garantirà la corretta rappresentazione del poligono nel gioco.

Questi sono solo alcuni dei concetti che abbiamo approfondito nel corso di questo libro. Spero che tu abbia apprezzato l'avventura di creare il tuo gioco platform e che questi concetti ti siano stati utili nella tua esperienza di sviluppo. Ricorda di esplorare ulteriormente e sperimentare con il codice per migliorare le tue capacità di programmazione e creazione di giochi.

Prima di concludere, desidero ringraziarti per avermi accompagnato in questo viaggio alla scoperta del mondo dei giochi platform. Spero che i concetti e le tecniche che hai appreso ti abbiano ispirato a perfezionare il tuo gioco e a portarlo a nuovi livelli di divertimento e coinvolgimento. Non vedo l'ora di vedere cosa realizzerai con le tue nuove conoscenze e di esplorare i tuoi futuri progetti nel mondo dei giochi platform. Buona fortuna e buon divertimento!

P.S.: Si dice che l'Antico Manufatto Alieno sia in realtà una chiave. È la chiave della conoscenza, quella che sblocca i portali verso nuovi mondi, dove l'umanità può abbracciare l'infinito e superare i propri limiti, immergendosi in mondi di possibilità senza fine.

"Escape the Bermuda Syndrome and find your way home." - Bermuda Syndrome

Elenco dei libri dello stesso autore

Crea il tuo Gioco Roguelike con JavaScript: Guida Passo-Passo per Sviluppatori

Immergiti nel coinvolgente mondo dei giochi roguelike e libera la tua creatività con JavaScript. In questa guida completa, ti accompagneremo in tutto il processo di creazione del tuo gioco roguelike partendo da zero. Dalla generazione di una foresta procedurale all'implementazione di combattimenti a turni e alla progettazione di meccaniche di gioco coinvolgenti, questo libro ha tutto ciò di cui hai bisogno. Sia che tu sia uno sviluppatore esperto che desidera ampliare le proprie competenze o un principiante desideroso di imparare lo sviluppo di giochi, questa guida è la tua risorsa definitiva.

Puoi trovare ulteriori informazioni su questo al seguente link:

https://amzn.eu/d/bYprJbj